Jeder Tag ein Wunder

Tagebuch einer ganz besonderen Zeit

Jeder Tag ein Wunder

Tagebuch einer ganz besonderen Zeit

1. Auflage

© 2022 Community Editions GmbH
Weyerstraße 88-90
50676 Köln

Texte: Jana Schwarzer
Coveridee: Jana Schwarzer
Covergestaltung und Satz: Bernadett Linseisen – schere.style.papier
Layout, Design & Illustrationen: Sue Hiepler – www.fromsue.com
Projektleitung & Redaktion: Sarah Völker
Lektorat: Lektorat Bergmann

Bildnachweis:
© Michaela Walter: Seite 5
© Simon von Broich: Coversticker und Seite 192

Gesetzt aus der *Aire Bold Pro* von © Maximiliano R. Sproviero, *Carneys Gallery Script* von © Annas Alam Yahya und der *Adobe Caslon Pro* von © Adobe Fonts.

Gesamtherstellung: Community Editions GmbH

978-3-96096-188-8

Printed in Poland

www.community-editions.de

Jeder Tag ein WUNDER

Tagebuch einer ganz besonderen Zeit

In all der Wandlung, in all der
Veränderung dürfen wir uns
immer wieder trauen, uns
zu öffnen. Für all das Schöne,
das die Welt bereithält.

Die Wunder stecken oft in den kleinen Momenten, in den ungeplanten, zufälligen Augenblicken.

VORWORT

Jeder Tag ein Wunder. Ja, genau das ist es, was ich in den letzten 4 Jahren erfahren durfte. So viele Jahre sind inzwischen seit der Veröffentlichung meines ersten Buchs „Jeder Tag ein Neuanfang. Das Glücklichmachertagebuch" vergangen. 4 Jahre, die mein Leben völlig auf den Kopf gestellt haben, in denen ich die Liebe neu kennenlernen, Grenzerfahrungen machen und Erwartungen loslassen durfte. Eine Zeit, in der ich das Leben völlig neu verstehen durfte und mich neu entdeckt habe.

Wenn es ein Wort gibt, das meine Reise durch das Leben beschreibt, dann ist es wohl dieses: Wachstum. Ich habe mich von einer Frau zu einer Mutter entwickelt, um dann festzustellen, dass ich neben der Mutter immer noch eine Frau bin. Mein Leben drehte sich um 180 Grad, als ich von meiner Schwangerschaft erfuhr – und damit begann auch die Reise durch ein neues, verrücktes Abenteuer. Dieses Buch steht zwar ganz im Zeichen der Schwangerschaft und des Mutterseins, bedeutet mir aber noch viel mehr. Es dreht sich um Themen, die uns alle sicher irgendwie betreffen. Es geht um unerfüllbare Erwartungen, die Suche nach uns selbst in einer neuen Rolle, auf die wir uns schlichtweg nicht vorbereiten können. Es geht um die Magie in den alltäglichen Dingen, um Herausforderungen, Veränderungen und damit auch um das Loslassen von so vielen Dingen: alte Freundschaften, die eigenen Vorstellungen und Erwartungen und ein gesellschaftliches Bild, in das man einfach nicht hineinpasst. Wahrscheinlich passt niemand von uns wirklich hinein, denn dieses gesellschaftliche Bild ist geprägt durch die Erwartungshaltungen und Vorstellungen so vieler Individuen.

Ich war schon immer Meisterin darin, mir meinen Rucksack mit viel zu schweren Steinen zu packen. Mit viel zu hohen Erwartungen an mich selbst, mit dem Wunsch, es allen recht zu machen, und mit einem gigantischen Druck, immer mein Bestes zu geben – bis ich erkannt habe, dass das „Beste" geben manchmal auch einfach nur bedeutet, sich ein warmes Bad einzulassen und zu entspannen. Das Muttersein hat meinen Rucksack noch mal vergrößert. Mit dem positiven Schwangerschaftstest wurden nicht nur meine eigenen Vorstellungen von der perfekten Mutter auf den Prüfstand gestellt. Plötzlich hatte auch jede und jeder um mich herum das Gefühl, zu allem die eigene Meinung beisteuern zu müssen. Ich musste mich für Entscheidungen oft rechtfertigen und begegnete als 23-jährige Schwangere auch allerhand Vorurteilen.

Letztendlich geht es doch darum, dass wir uns selbst erkennen – losgelöst von dem gesellschaftlichen Bild, von dem wir immer alle reden. Losgelöst vom Schönheitswahn, losgelöst davon, dass dieser olle, viel zu kleine Hut jemals alles umfassen kann. Losgelöst vom sehnlichsten Wunsch, den anderen zu gefallen, wo wir selbst doch die einzige Person sind, mit der wir wirklich von Geburt an bis zum Lebensende unsere Zeit verbringen müssen. Ich habe erkannt, dass es nicht nur in den letzten Jahren meines Lebens um Wachstum ging, sondern dass das ganze Leben Wachstum bedeutet. Das Leben ist ein kunterbuntes, wunderschönes Chaos, in dem man sich immer und immer wieder neu entdecken kann – und um uns herum verändert sich alles permanent. Nur, weil ich mich heute sehen kann, heute weiß, wer ich bin, kann ich mich in einem Jahr schon wieder neu finden. Ich kann mich auch immer mal wieder verlieren, in alten Erwartungshaltungen versinken und mich in alten Mustern wiederfinden, von denen ich glaubte, sie bereits hinter mir gelassen zu haben. All das ist okay, all das ist Leben.

In all der Wandlung, in all der Veränderung dürfen wir uns immer wieder trauen, uns zu öffnen. Für all das Schöne, das die Welt bereithält.

Die Wunder stecken oft in den kleinen Momenten, in den ungeplanten, zufälligen Augenblicken. Das Leben ist schließlich nicht planbar. Je eher wir anfangen, einfach draufloszuleben, wild, gefährlich und laut zu leben, neugierig zu sein, mutig und hoffnungsvoll zu sein, desto bunter wird unser Leben. Wenn man die Wunder des Lebens wieder zulässt, dann kann man weiter wachsen, neue Dinge entdecken, ja, genau dann kann man leben.

Das Leben selbst ist ein Wunder, das ich durch meine Schwangerschaften, die Geburt meiner Tochter und mein Leben als Mutter einmal mehr erkennen durfte.

Willkommen in meinem Gedankenuniversum. Ich freue mich, dass dieses Buch in deine Hände gefallen ist – vielleicht sollte es genau so sein. Auf den nächsten Seiten nehme ich dich mit in meine Welt, in der du dich in der ein oder anderen Zeile vielleicht wiedererkennen oder inspirieren lassen kannst. Und der Rest der Geschichte, ja, der ist noch nicht geschrieben. Jeder Tag startet mit einer leeren Seite, einem Neuanfang und einer Geschichte, die du entweder neu schreiben oder fortführen kannst.

Ich wünsche dir von Herzen viel Freude beim Lesen.

Jana

INHALT

KAPITEL 1

———

Neue Kapitel
AUFSCHLAGEN

Liebes Tagebuch,

wenn ich so an die letzten Jahre zurückdenke, dann weiß ich gar nicht, wo ich anfangen soll, zu erzählen. Leons und mein gemeinsamer Weg begann vor rund 8 Jahren, als er mich damals mit süßen 17 Jahren am Hafen von Münster ganz aufgeregt fragte, ob ich seine Freundin sein möchte. Na ja, eigentlich begann unsere Geschichte schon viel eher, schließlich kennen wir uns bereits seit der 5. Klasse. Aber seit dem 23.11.2013 ist er aus meinem Leben nicht mehr wegzudenken. Viel ist seitdem passiert. 4 Jahre Fernbeziehung und eine damit verbundene sehr große Achterbahnfahrt der Gefühle, über Liebeskummer, Trennungsschmerz, fantastische Reisen und die gigantische Euphorie bei jedem Wiedersehen liegen hinter uns. Eine Zeit, in der sich jeder durch die Distanz für sich entfalten konnte und wir doch einander hatten. Aber das soll gar nicht Thema dieses Buches sein, denn jetzt möchte ich ein ganz neues Kapitel aufschlagen. Diese 4 Jahre waren turbulent, aufregend, ja, sie waren ganz schön verrückt und ereignisreich – und nicht weniger ereignisreich ging es weiter, als Leon nach 4 Jahren Amerika endlich wieder nach Hause kam. Wir zogen zusammen in eine Wohnung, reisten viel, feierten unser Leben, erschufen ein „Uns", ein „Wir", ein „Gemeinsam", wo doch in den vergangenen 4 Jahren Fernbeziehung jeder für sich selbst im Zentrum seines Lebens gestanden hatte. Leon startete sein Masterstudium in unserer Heimat und begann nebenbei auch in meiner beruflichen Welt Fuß zu fassen. Zu dem Zeitpunkt war ich bereits seit 3 Jahren selbstständig und liebte das, was ich tat – auch wenn der Preis für den Erfolg hoch war. Ich arbeitete viel „selbst" und „ständig" und entdeckte mich selbst immer wieder neu in diesem Job, der bis heute wohl mehr belächelt als ernst genommen wird. Nach einem Jahr zogen wir in eine Doppelhaushälfte mitten in der Stadt um. Diese Haushälfte sollte es werden – unser kleines Nest. Ein kleines Nest, in dem ich schon bald schwanger wurde …

Und damit beginnt es, dieses neue Kapitel. Es beginnt mit Veränderung, Wachstum, Vertrauen, Glaube, Liebe, einem Haufen Erwartungen an mich selbst und einer neuen Welt. Eine neue Welt entstand für uns, in der es nicht weniger verrückt weiterging. Bei uns gab es nie ein „Normal", nie ein „Langsam", ja, es gab nie einen wirklichen Alltag. Denn den fanden wir irgendwie schon immer langweilig – und tun es heute noch. Wir haben immer schon drauflosgelebt, einfach gemacht, uns nie zu viele Gedanken um morgen gemacht – und ich denke, das ist es. Auch wenn uns manchmal der Trott des Alltäglichen packt, so leben wir, wir existieren nicht nur. Wir träumen, wir glauben, wir lernen immer weiter. Denn auch nach 8 Jahren Beziehung, einer Hochzeit und einem Kind lernen wir uns immer wieder neu kennen. Nicht, weil wir uns zwischendurch entfremden, sondern weil wir einander wachsen lassen. Man wächst nicht immer in die gleiche Richtung: Mal wächst ein Ast, wo der andere gerade seine Energie lieber in die Baumkrone steckt, dann streckt der andere die Wurzeln, wenn man selbst gerade hoch hinaus will. Doch gerade das macht das Leben miteinander so spannend. Vom Teenager zum Papa, zur Mama – das ist Potenzial für eine Menge Veränderung. Und wie wir uns verändert haben! Wir haben neue Prioritäten, viel mehr Erfahrung, wir haben Wandlung in unserem Freundeskreis erfahren, neue Interessen und einen anderen Blick auf die Welt. Ja, wir sind gewachsen. Miteinander, durcheinander, aneinander – und genau das ist es, was Beziehung für mich ausmacht.
Beziehung bedeutet für mich, einander sein lassen, einander wachsen lassen. Sich aneinander reiben, sich zuhören und sich immer

wieder auf eine ganz besondere Art entdecken. Wobei sich das Entdecken nicht nur auf den Partner bezieht, sondern auch auf die eigene Wandlung. Als Mensch, als Frau, als Mutter und als Ehefrau/Partnerin.

Entwicklung und Veränderung hört ja nicht bei der Partnerschaft auf, sondern beginnt in uns selbst. Beziehung bedeutet für mich Vertrauen, das durch unsere Fernbeziehung gestärkt wurde und durch unsere Rolle als Eltern ein neues, erweitertes Verständnis bekommen hat, mit so viel mehr Tiefe. Das Vertrauen ist unsere Basis, in der wir uns fallen lassen können und ankommen können. Vertrauen ermöglicht uns Freiheit und Wachstum, denn Beziehung ist für mich losgelöst von Besitzansprüchen. Eifersucht war bei uns nie ein Thema. Wir vertrauten, auch wenn wir Tausende Kilometer voneinander entfernt lebten.

Was bringt es mir, mir ständig Gedanken über Dinge zu machen, die wahrscheinlich nicht mal eintreffen? Durch diese Gedanken entferne ich mich nur so sehr von dem gegenwärtigen Moment, dass ich in Sorge gerate. Oder schlimmer noch: Sie lösen eine tiefsitzende Angst, Misstrauen, Kontrollgedanken aus, die mich allesamt selbst am meisten einschränken, weil sie so gewaltig werden können, dass sie meine gesamte Gedankenwelt einnehmen. Den Mangel an Vertrauen und Liebe zu mir selbst auf meinen Partner zu projizieren, bringt mir keine Kontrolle über meinen Partner. Vielmehr entfernt es uns voneinander. Der Gedanke *„Ich muss das unter Kontrolle haben"* entspringt der Angst und wir wissen doch beide: Angst ist in jeder Beziehung ein schlechter Ratgeber. Sie macht uns zu Gefangenen der äußeren Umstände und unserer Gedanken darüber, wie etwas sein könnte. Die Wahrscheinlichkeit, dass Ereignisse so eintreten, ist dabei so klein, dass es sicher eine gute Idee ist, diese Angst loszulassen.

Die Liebe ist so groß, dass sie nicht besitzen muss, und Liebe bedeutet nicht, sich füreinander aufzuopfern. Vielmehr ist die Liebe das unsichtbare Band zwischen zwei Menschen. Genau, es geht nämlich um zwei Individuen – Beziehung bedeutet für mich genauso, dass neben einem „Uns" auch immer ein „Ich" existiert. Ich bin ja schließlich nicht gestorben, wenn ich mich mit einer Person verbinde, vielmehr erweitere ich mein ganz eigenes Universum dadurch. Ich muss meine Interessen nicht aussterben lassen, nur weil sie für meinen Partner nicht so wichtig sind, muss meinen Kleidungsstil nicht ändern, weil mein Partner mich manchmal lieber in andere Dinge gekleidet sehen würde. Diese Äußerlichkeiten spielen einfach keine Rolle und ich muss auch nicht aufhören, Zeit allein zu verbringen, weil wir eine Beziehung führen. Ich bin ich, du bist du – und wir sind wir.

Beziehung darf kein Machtkampf sein, sondern ist vielmehr eine Begegnung auf Augenhöhe. Sie bedeutet für mich Respekt und Achtung und ist losgelöst von jeglichem Anspruchsdenken – *„Weil ich dir das gebe, erwarte ich mindestens das von dir wieder zurück."* Erwartungen sind doch irgendwie eine Wunschvorstellung von etwas, die nur in unserem eigenen Kopf existiert und mitunter so groß ist, dass wir uns in unseren eigenen Gedanken so sehr gefangen halten. Dabei suchen wir doch Erlösung in all unseren Erwartungen an unsere Partnerschaft, an unser Gegenüber, uns selbst und in unseren Vorstellungen davon, wie unser Leben aussehen sollte, damit wir endlich glücklich sind. Aber damit hindern wir uns selbst daran, einfach zu leben. Es ist wie eine unerreichbare Illusion, die uns nur noch viel unglücklicher macht, statt uns zu erfüllen.

Beziehung bedeutet für mich Hingabe und sich im jeweils anderen zu erkennen. Ich erkenne mich in dir durch all die Dinge, die mich durch dein Verhalten triggern, durch all meine Gedanken, die ich auf dich projiziere. Ja, du bist mein bester Spiegel, nämlich der, in dem ich mich wahrhaftig erkennen kann. Wenn ich ganz genau hinschaue, dann sehe ich mich durch meine Reaktionen auf dein Verhalten und erkenne, dass die größten Stolpersteine unserer Beziehung mein Mangel an Liebe zu mir selbst und der fehlende Blick auf mein wahres Ich sind. Besonders dann, wenn wir uns unvollständig fühlen, versuchen wir doch oft, dieses große Loch durch die Bestätigung anderer zu füllen. Durch illusorische Erwartungen, andere seien daran schuld, wenn wir nicht glücklich sind, oder andere müssten durch Komplimente und liebevolle Aufmerksamkeiten dafür sorgen, dass wir wieder glücklich werden, lenken wir doch nur vom eigentlichen Problem ab – nämlich dem, das wir mit uns selbst haben. Du wirst nicht jedem gefallen können und du musst auch nicht jedem gefallen. Sicher werden manche Menschen ein Problem damit haben, wie du dich verhältst, kleidest, wie du aussiehst, dich ernährst – doch das ist nicht dein Problem! Machst du es zu deinem Problem, so ist das nicht die Schuld der anderen, weil du es in der Hand hast.

Du kannst zig Leute nach ihrer Meinung zu deinem neuen Kleid fragen, obwohl du doch bereits eine eigene Meinung dazu hast, dich schön darin fühlst. Fühlst du dich nach deiner Umfrage nicht mehr schön, so ist es nicht die Schuld der Anderen.

Glück, das findet man nicht im Außen. Es wird nicht das Geld sein oder dein materieller Reichtum, die dich glücklich machen, schließlich kannst du dir von Geld vielleicht ein Haus, aber kein Zuhause kaufen. Du kannst dir ein Statussymbol kaufen, aber keinen Selbstwert; du kannst dir eine Uhr kaufen, doch nicht die Zeit.

Es werden auch nicht die anderen Menschen sein, die den Mangel in dir drin ausgleichen – wir machen uns vielmehr durch die Suche des Glücks im Außen ein, na ja, abhängiges Glück. Ein Glück, das nur erfüllt wird, wenn … dann. Die Liebe eines anderen kann nicht jene ersetzen, die du dir selbst geben solltest. Niemand wird dir wahrhaftig das Gefühl geben können, genug zu sein, wenn du es selbst nicht so empfindest. Also nein, das Glück findet man nicht im Außen. Nicht durch Likes, nicht durch Erfolg und nicht durch den unmöglichen Versuch, es allen recht zu machen, wobei du niemals gewinnen, sondern nur dich selbst verlieren kannst. Der Schlüssel zum Glück steckt von innen.

Beziehungen sind immer im Wandel, schließlich bestehen sie doch aus zwei Menschen, die sich ständig verändern. Leben bedeutet Wandel, es bedeutet Veränderung. An einer Beziehung müssen wir arbeiten und sie arbeitet mit uns. Nein, wir müssen keine Schrauben links und rechts festdrehen, damit sie endlich perfekt läuft, sondern uns vielmehr immer wieder auf diese Wandlung, diese Veränderung einlassen, schließlich wird nicht immer alles gleich bleiben auf dieser spannenden Reise des Lebens. Es wird immer wieder Dinge geben, die eine Beziehung vor Herausforderungen stellt, es wird immer wieder Höhen und Tiefen geben, ganz gleich, um welche Beziehung es sich handelt – ob nun die zwischen Geschwistern, Freund*innen, Nachbar*innen, Liebenden oder die zwischen Eltern und Kind. Die Arbeit dahinter steckt darin, anzunehmen und neu zu erkennen. Uns selbst immer wieder neu zu erkennen, aber auch unser Gegenüber.

Heute geht es so häufig darum, etwas zu suchen, das noch besser ist, dabei fehlt oft einfach nur der Blick auf das, was bereits da ist. Wir erkennen nicht die Schönheit in dem, was vor uns liegt. Es wird ausgetauscht, es wird weggeworfen. Aber wir führen keine Beziehungen, wenn wir jeglichen Wandel einfach abtun.

Im Leben geht es um Wachstum, um Veränderung und darum, sich zu erkennen – es geht nicht darum, dieses Gesellschaftsspiel zu gewinnen oder andere davon zu überzeugen, wie liebenswert wir sind, indem wir versuchen, diese Liebe zu kaufen. Es geht nicht um das Äußere, sondern um das Innere.

Die gemeinsame Reise von Leon und mir ist also auch immer wieder eine Reise zu uns selbst. Unsere Beziehung ist so erfüllt, weil wir unseren Blick auf uns selbst nicht darin verlieren und wir uns akzeptieren, uns so sein lassen können, wie wir sind. Du kannst den Kern eines Menschen nicht verändern und ich denke, das sollte auch nicht das Ziel einer Beziehung sein.

Ich weiß ganz genau, dass Leon Ecken und Kanten hat, weiß ganz genau, dass er sich in manchen Dingen anders verhält, als ich es tun würde, und dass ihm manche Dinge, wie beispielsweise die Beseitigung der Bananenschale, nachdem er die Banane gegessen hat, nicht so wichtig sind wie mir. Ich weiß es und ich habe es akzeptiert, weil ich ihn als Gesamtwerk aus Macken, Kanten, seinen schönen weichen, runden und glatten Seiten liebe. Ich habe es akzeptiert, indem ich eine Beziehung mit ihm führe, ihn geheiratet habe – ebenso wie er all meine Ecken und Kanten kennt und akzeptiert hat. Wir sind in vielen Bereichen unterschiedlich, wir heißen nicht immer jedes Verhalten des anderen gut – und das müssen wir auch nicht. Wir sehen unsere Ungleichheiten als Stärke statt eine Schwäche. Wir ergänzen uns durch Eigenschaften, die bei dem anderen nicht so ausgeprägt sind, und natürlich gibt es immer und immer wieder Reibereien, ebenso wie wir manchmal auch einfach genervt voneinander sind – meistens allerdings besonders dann, wenn etwas bei einem von uns nicht so rund läuft.

Lange dachte ich, ich hätte gar nichts zu erzählen, denn ich steckte mittendrin in dieser Geschichte, die ich schlichtweg noch nicht sehen konnte. Mittendrin in der Suche nach mir selbst, wo sich doch alles um mich herum und so vieles in mir verändert hat. Ich war mittendrin, diese unerreichbaren Erwartungen an mich selbst zu erreichen, bis ich merkte, wie sehr ich mich mal wieder im Außen verrannt hatte. Ich schrieb meine Geschichte bereits, ohne es zu merken.

Wir alle schreiben unsere Geschichte, jeden Tag. Wir schreiben nicht nur an ihr weiter, wenn etwas Bahnbrechendes passiert oder wir einen Meilenstein erreichen. Nein, es sind die kleinen Dinge, die unsere Geschichte so lebendig machen, und es ist deine Sichtweise, die deine Geschichte bestimmt. Du kannst aus der Liebe heraus die wunderschönste und aus der Angst heraus die dunkelste Geschichte schreiben.

Wir alle schreiben unsere
Geschichte, jeden Tag.

Hör auf, zu warten,
und fang an, zu leben!

———

Auf der Reise zu mir selbst habe ich erkannt, dass ich oft den Fehler gemacht habe, mein Glück von anderen oder dem Außen abhängig zu machen. Dabei sind wir alle für unser eigenes Glück selbst zuständig.

Viel zu oft warten wir auf diesen einen Tag, diesen einen Moment, diesen einen Job, diese eine Beziehung, das Familienglück, das uns vollständig machen soll. Wir warten auf dieses eine Ereignis, in dem wir endlich unsere Erfüllung sehen. Dabei wird es niemals ein Ereignis geben, das uns wahrhaftig glücklich macht. Das Glück müssen wir in uns selbst finden – dann können uns auch äußere Dinge nicht mehr so schnell aus den Socken hauen.

Wo und wann machst du dein Glück noch von anderen
oder dem Außen abhängig?

_____

_____

Wo und ab wann möchtest du dein Glück in
Zukunft selbst in die Hand nehmen?

_____

_____

Die innere kritische Stimme

———

„Das schaffst du nie!" – „Das hättest du besser machen müssen." –
„Du bist so faul!" – „Andere bekommen das besser hin als du!"

Vielleicht kennst du diese innere kritische Stimme schon seit
deiner Kindheit. Vielleicht glaubst du ihr oder hast bereits erkannt, dass die Sätze, die sie dir täglich vorbeischickt, meistens
nicht der Wahrheit entsprechen. Du solltest dich von ihr also
nicht leiten oder verunsichern lassen.

Doch bevor du diese Stimme verteufelst, möchte ich dir mit
auf den Weg geben, dass sie da ist, um dich zu beschützen.
Sie möchte dir unangenehme Gefühle, Reinfälle und Verletzun-
gen ersparen. Die Stimme spiegelt dir deine Ängste wider und
ist ein Spiegel deiner eigenen, unbewussten Gedanken. Es lohnt
sich, ihr ganz genau zuzuhören und deinen tief liegenden
Erwartungen und Ängsten auf den Grund zu gehen.
Denn sie gehört zu dir und ist ein Teil von dir.

Was sagt deine innere kritische Stimme dir immer wieder?

_____

_____

_____

_____

Wovor möchte dich die Stimme bewahren? Kannst du dankbar für sie sein?

_____

_____

_____

_____

Was möchtest du ihr beim nächsten Mal entgegnen?

_____

_____

_____

_____

„Die vier Versprechen"

Das Buch „Die vier Versprechen" von Don Miguel Ruiz hat mich total bereichert. An Tagen, an denen ich im Gedankenchaos versinke, zweifle oder merke, dass ich mal wieder viel zu streng mit mir bin, nehme ich das Buch immer in die Hand und lese darin. Denn die Arbeit an und mit sich selbst ist ein stetiger Prozess, der Zeit braucht. Grundlegend geht es in dem Buch darum, sich klarzumachen, welche Glaubenssätze wir schon seit unserer Kindheit mit uns herumtragen. Sie führen oft dazu, dass wir uns selbst als Opfer sehen und uns klein machen. Dabei spielt auch die innere kritische Stimme – oder der „innere Richter", wie Don Miguel Ruiz ihn nennt – eine große Rolle.

1. Wähle deine Worte mit Bedacht!

Dieses Versprechen macht klar, welche Macht Worte haben. Wir sollten weder andere Menschen noch uns selbst durch negative Worte abwerten, sondern mit Bedacht ehrlich zu uns und unseren Mitmenschen sein. Dazu gehört ebenfalls, sich nicht zu Lästereien, Klatsch und Tratsch hinreißen zu lassen. Unser Leben manifestiert sich durch unsere gesprochenen und gedachten Worte.

So kommst du in die Umsetzung: Beschäftige dich mit deiner inneren kritischen Stimme (siehe Seite 24). Achte darauf, was und wie du etwas formulierst. Nimm dir Zeit zum Nachdenken, bevor du sprichst.

2. Nimm nichts persönlich!

Was eine Person aussendet, hat nichts mit dir zu tun, sondern mit der Person selbst. Vielleicht kennst du auch den folgenden Spruch: What Susie says of Sally says more of Susie than of Sally. Zufriedene Menschen werden nie das Bedürfnis haben, dich abzuwerten. Kritisiert dich jemand, ist diese

Person vermutlich einfach nur negativ eingestimmt und spiegelt dir das zurück.

So kommst du in die Umsetzung: Wenn du mit negativen Äußerungen konfrontiert wirst, nimm dir Zeit, um die Situation einzuschätzen, und mach dir klar, dass dein Gegenüber vielleicht etwas Belastendes mit sich selbst herumträgt.

3. Zieh keine voreiligen Schlüsse!

Unser Gehirn ist darauf getrimmt, alles permanent zu beurteilen und einzuordnen. Das gibt uns eine gewisse Form der Sicherheit. Doch das kann sehr häufig zu Fehlinterpretationen führen. Wie oft gehen wir davon aus, dass die uns gegenüberstehende Person genau das Gleiche denkt und fühlt wie wir? Frag dich, ob das wirklich stimmt und du nicht zu voreilig deine Schlüsse ziehst.

So kommst du in die Umsetzung: Erinnere dich an ein Gespräch, bei dem du die Situation falsch eingeschätzt hast. Was war deine Interpretation des Gegenübers? Wie hat es sich im Nachhinein rausgestellt?

4. Gib immer dein Bestes!

Dabei kann dein Bestes immer unterschiedlich aussehen. Wir haben nicht zu jeder Zeit an jedem Tag das gleiche Energielevel, weshalb unser Bestes immer variieren kann. An einigen Tagen ist das Beste, das du tun kannst, dich auszuruhen und die Beine hochzulegen, weil du dich ansonsten einer Menge Energie beraubst. An anderen Tagen hast du ein höheres Energielevel und kannst mehr schaffen. So sagt Don Miguel Ruiz: „Tun Sie einfach immer Ihr Bestes – nicht mehr und nicht weniger als das."

So kommst du in die Umsetzung: Mach dir bewusst, dass du keine Maschine bist. Wenn es dir schwerfällt, Grenzen zu setzen und sanft mit dir zu sein, wirf einen Blick auf die Seite 145.

KAPITEL 2

———

Willkommen im

SCHWANGERSCHAFTS-
UNIVERSUM

Da stehe ich nun mit einem positiven Test in der Hand, Leere im Kopf und einem Puls, der plötzlich so schnell wird, dass mein ganzer Körper bebt. Da ist er also, dieser zweite Strich, den ich mir so sehr gewünscht hatte.

Es war nicht das erste Mal, dass ich auf einen Schwangerschaftstest schaute und einen zarten, zweiten Strich erkennen konnte. 2 Jahre vorher hatte ich diese Situation schon einmal erlebt. Und doch war es so anders. Damals kam es ganz unerwartet für mich – mit meinem Partner, der zu diesem Zeitpunkt noch auf einem anderen Kontinent lebte, 10.000 Kilometer weit weg von mir. 3 Jahre lang lebten wir nun schon in einer Fernbeziehung zwischen Deutschland und den USA – 1 weiteres Jahr würde es noch dauern, bis er sein Studium dort abschließen und zurück nach Hause kommen würde. Eine Familie zu gründen, das war definitiv etwas, über das wir gerne redeten, etwas, das wir uns für unsere Zukunft sehr wünschten. Es war schon immer mein Traum gewesen, Mutter zu werden. Schon früh Mutter zu werden. Um ehrlich zu sein, dachte ich sogar, dass ich genau für diese Aufgabe geboren wurde. Es war wie ein tiefes, inneres Gefühl, für das es gar keine sachliche Erklärung gibt. Schon als kleines Mädchen schnappte ich mir die alten Bücher meiner Mutter zum Thema Schwangerschaft und studierte jedes Foto und jede Zeile, die ich verstehen konnte, bis ins kleinste Detail. Einen kleinen Menschen auf seiner Reise durchs Leben als seine Mutter begleiten zu dürfen, war für mich immer eine wundervolle Vorstellung, etwas, worin ich eine Erfüllung für mich gesehen habe.

Umso härter traf es mich damals, als meine erste Schwangerschaft in der 8. Woche endete und ich das Baby verlor.

Ja, es war damals nicht die passendste Situation für ein Baby. Wenn ich mir einen Zeitpunkt hätte aussuchen dürfen, wäre es sicher nicht dieser gewesen. Ich sah meinen Freund nur alle paar Monate, nämlich dann, wenn ich ihn entweder in den USA besuchte oder er in seinen Sommer- oder Winterferien nach Deutschland kam. Ich war selbstständig, gerade von zu Hause ausgezogen und er Student, der sich seinen Lebenstraum durch ein Fußballstipendium in San Francisco erfüllte. Die Distanz und diese ätzende Zeitverschiebung waren für unsere Beziehung herausfordernd, auch wenn wir diese Zeit heute gar nicht missen wollen würden. In der Schwangerschaft hätte er mich sicher nicht so begleiten können, wie wir es uns gewünscht hätten. Und wer weiß, ob er den Zeitpunkt der Geburt nicht vielleicht sogar verpasst hätte? Auswandern und zu Leon ins Studentenheim in San Francisco ziehen, das wäre keine Option für mich gewesen. Und dennoch wollte ich dieses Baby mehr als alles andere auf der Welt. Eine andere Option, als die, dieses Kind zur Welt zu bringen, es zu lieben, alles dafür zu tun, dass es das schönste Leben in dieser kunterbunten Welt haben wird und es auf seiner Reise durch die Welt zu begleiten, kam für mich nicht infrage – auch wenn es bedeutete, dass ich diese erste Zeit größtenteils ohne Leon erleben würde. Aber so weit ist es ja gar nicht gekommen.

Ich brauchte sehr lange, um meinen Verlust anzunehmen und nicht gleich in Tränen auszubrechen, wenn ich einer Schwangeren begegnet bin. Ich war nicht in der Lage, über meine Situation und meine Gefühle zu sprechen. Ich fühlte mich kraftlos, ja ich fühlte mich sogar, als hätte ich versagt – und es dauerte lange, bis ich erkannte, dass die Fehlgeburt keine Strafe für mich sein sollte. Eine Fehlgeburt ist nichts Unnatürliches, nichts Außergewöhnliches und auch keine Seltenheit – und doch ein absolutes Tabuthema.

Du musst deinen Verlust nicht mit dir selbst ausmachen, musst da nicht alleine durch und musst auch nicht so tun, als wäre alles normal. Es gibt Hilfen, Hebammen, Beratungen, an die du dich wenden kannst, wenn dir danach ist. Einen ersten, für mich wichtigen Schritt der Verarbeitung habe ich mit meinem ersten Buch geschaffen, das ich wenige Monate nach der Fehlgeburt zu schreiben begann.

Zwei Jahre waren seitdem vergangen und Leon war inzwischen wieder zurück in Deutschland. Endlich. Eines Tages ein Baby zu bekommen, das war schon immer mein Wunsch gewesen, mein größter Traum, welcher durch die Fehlgeburt noch präsenter geworden ist. Und doch brauchte ich die Zeit, um das Erlebnis zu verarbeiten, also so richtig zu verarbeiten, ohne es mit der nächsten Schwangerschaft einfach nur zu betäuben.

Eine erneute Schwangerschaft sollte für mich kein Ersatz für einen Verlust sein. Ich musste lernen, alte Ängste loszulassen, und wieder Vertrauen in mich und meinen Körper aufbauen – auch wenn das etwas Zeit brauchte. Ich musste erkennen, dass das nicht passiert ist, weil ich es nicht wert war, ein Kind zu bekommen. Ja, vielmehr musste ich meinen eigenen Wert wiedererkennen und lernen, dass ich für mich allein schon vollständig bin, indem ich damit anfing, wirklich auf mich selbst zu schauen – losgelöst von anderen Menschen, losgelöst von materiellen Dingen. Ich bin genug.

Inzwischen leben Leon und ich zusammen – 4 Jahre Fernbeziehung hatten wir also tatsächlich überstanden. Wir waren gerade in eine schöne Doppelhaushälfte mitten in der Stadt gezogen, mit einem Garten für unsere Hündin Molly. Ein Kinderzimmer war natürlich eingeplant, jedoch wollten wir dieses zunächst als Büro nutzen. Wer wusste denn schon, wie lange es dauern würde, bis ich wirklich schwanger werde? Schwanger werden. Mein größter Wunsch gepaart mit meiner größten Angst im Hinterkopf, von der ich eigentlich dachte, dass sie schon längst abgeschrieben wäre. Zu präsent war die Angst vor einem erneuten Verlust. Oder was ist, wenn ich gar nicht schwanger werden kann? Wenn es nicht für mich bestimmt sein sollte?

Je mehr Tage verstrichen, je länger Leon und ich zusammenwohnten und je mehr wir uns darüber bewusst wurden, dass wir als Paar wirklich bereit waren, ein Baby zu bekommen, desto mehr stieg meine Angst, dass ich einfach nicht dafür bestimmt sein könnte, schwanger zu werden, wo es doch schon einmal so traurig geendet war. Ich hatte Angst, dass es einfach nicht klappen würde, wenn wir es drauf ankommen lassen, bis ich irgendwann verstand, dass ich vielleicht besser einfach Vertrauen haben musste. In mich, in die Zeit und in einen bestimmt ziemlich gut durchdachten Plan, den sich jemand für mein und unser Leben ausgedacht hatte. Ich beschloss, mir nicht weiter den Kopf zu zerbrechen, nicht länger über etwas nachzudenken, was eventuell gar nicht eintreffen würde, und die Dinge so zu akzeptieren, wie sie waren. So konnte ich den Sex genießen, ohne den Kopf in den Bauch zu stecken, ohne darauf zu achten, wann der Eisprung kommt und wann es schon wieder Zeit für die nächste Periode war.

Im darauffolgenden Sommer war ich überfällig und merkte, dass etwas anders war. Auch wenn ich schon so häufig gedacht hatte, dass irgendwas anders sei, war es dieses Mal ein seltsames Kribbeln, als wolle mir mein Körper sagen: *„Yes girl, we made it!"*
Ich wollte keinen Test machen, zu groß war meine Angst vor einer Enttäuschung. Um ehrlich zu sein, redete ich mir sogar ein, dass da sowieso nichts sei und morgen sicher schon Frau Erdbeer grüßen

würde – und somit blendete ich die Tatsache, dass Frau Erdbeer aber einfach nicht kam, einfach aus. Jedenfalls tat ich so. Lieber wollte ich mir selbst etwas vormachen und auf cool tun, ich wollte so eine Easy-going-Frau sein, die ich bei diesem Thema aber ganz sicher nicht war. Und so wurde Google in den nächsten Tagen zu meinem besten Freund. Tests hatten wir haufenweise auf Vorrat, aber die Easy-going-Frau kriegt das natürlich auch ohne hin – gegoogelt habe ich trotzdem jedes kleinste Anzeichen. Mein kleiner innerer Monk hat mich dazu getrieben, alles in die Suchmaschine einzugeben. Zu gut erinnere ich mich an diese eine Situation, in der mein Herz ganz plötzlich raste. Leon und ich mussten die Verabredung mit seinem Vater, die an diesem Tag anstand, absagen, weil mir durch das Herzrasen so schwindelig wurde. So easy-going, wie ich dachte zu sein, war mir klar, dass das selbstverständlich nichts mit einer möglichen Schwangerschaft zu tun hat. Mr. Monk hingegen tippte während dieses Gedankengangs schon fleißig in die Tasten – und fand Bestätigung. Ja, Google sagte mir, dass der Körper einer schwangeren Frau mehr Blut pumpen muss, um das kleine Baby zu versorgen, weshalb es zu Herzrasen kommen kann. Da hatte er also recht, Mr. M.

Als ich genau eine Woche überfällig war, stand eine Hochzeit auf dem Plan. Leons Cousine heiratete im 80er-Jahre-Stil. Ich hatte mir bis zuletzt keine Gedanken über ein Outfit gemacht, zu sehr steckte ich mit meinem Kopf bereits in meinem Bauch – und das, obwohl ich mir doch eigentlich keine Gedanken machen wollte. Als wir morgens dann noch schnell zum Secondhandladen um die Ecke gegangen sind, erzählte ich Leon, dass ich heute einen Test machen würde. Und tatsächlich war dieser Tag meine Deadline: Noch länger wollte ich doch nicht warten, bis ich endlich den Test aus unserem Badezimmerschrank zückte. Wäre der Test negativ, dann würde ich auf der Hochzeit mit Alkohol anstoßen. Alles würde so sein wie zuvor und es ginge ganz normal weiter, so redete ich es mir ein. Wäre der Test positiv, dann … Ach, warten wir erst mal ab.

Sobald ich Leon von meinem Vorhaben erzählt hatte, konnte ich mich auf wirklich nichts anderes mehr konzentrieren. Ich war aufgeregt, hatte schwitzige Hände und immer wieder einen hohen Puls, der dieses Mal sicher keine hormonelle Ursache hatte, sondern ganz einfach von meiner extremen Aufregung kam. Kaum zu Hause angekommen stiefelte ich in das Bad in der ersten Etage. Ich machte mich einfach vom Acker, als Leon gerade damit beschäftigt war, einen glutenfreien Kuchen für die Hochzeit zu backen, um den wir in letzter Minute noch gebeten worden waren. Ganz leise hatte ich mich davongeschlichen. Ich wollte irgendwie keine große Sache daraus machen, damit es auch keine große Enttäuschung geben kann. Und dann änderte sich von der einen auf die andere Sekunde meine ganze Welt.

Beim Blick auf den zweiten Strich stockt mir der Atem. Ich weiß nicht, ob ich weinen oder lachen soll. Ich bin schwanger. Tatsächlich. Ich versuche mich zusammenzureißen und mich zu sammeln, habe aber längst die Kontrolle über meinen Körper verloren. *„Leon, kannst du mal kurz kommen?“*, rufe ich in die Küche, wo er gerade dabei ist, die Butter für den Kuchen anbrennen zu lassen. Also gehe ich die Treppe runter. Während meine rechte Hand fest das Treppengeländer umklammert, hält die linke den Test. In meinem Kopf versuche ich, mir die richtigen Worte zusammenzureimen, um dem Mann, den ich liebe, zu sagen, dass wir tatsächlich ein Baby erwarten.

Ich stolpere in die Küche, kann meine Tränen nicht mehr zurückhalten und strecke ihm wortlos den positiven Test entgegen. Ja, irgendwie habe ich mir das schon romantischer vorgestellt. Vielleicht hätte ich den Test mit einem kleinen Brief in einer Schachtel als Geschenk verpackt und ihm morgens beim Frühstück überreicht. Oder ich hätte ein kleines Paar Babyschuhe gekauft und es in den Flur neben seine Schuhe gestellt, ganz nach dem Motto *„Ach schau mal, wer bald bei uns einziehen wird!"*. Gut vorstellen könnte ich mir auch ein romantisches Candle-Light-Dinner, bei dem ich ihm in einem schönen, engen roten Kleid dann freudestrahlend erzähle, dass wir ein Baby erwarten. Pustekuchen. Wohl eher muss ich mich zusammenreißen, dass ich nicht gleich aus den Latschen kippe. *„Ist es das, was ich denke? Ist der positiv?"*, fragt er. Ich nicke. Ich weine. Wir umarmen uns, küssen uns, freuen uns. Wir werden Eltern. Ohne wirklich zu realisieren, dass da wirklich ein Baby in mir heranwächst, schwebe ich von jetzt auf gleich in einem anderen Universum. Willkommen im Schwangerschaftsuniversum.

Schwangere Frauen waren für mich schon immer wie Heilige. Wenn ich in der Stadt eine Frau mit kugelrundem Bauch sehe, leuchtet sie für mich. Ich kann sie stundenlang anschauen. Alle sind sie wunderschön und alle haben sie eine so besondere Ausstrahlung. Eine Ruhe, die mich förmlich in ihren Bann zieht. Vielleicht ist es der Zauber des Lebens, der mich daran so fasziniert. Mit Sicherheit geht es nicht allen Menschen so, schließlich kann jede und jeder diesen ganz bestimmten Zauber in den verschiedensten Dingen entdecken.

Die Schwangerschaft stellte ich mir so besonders vor, so magisch und so vollkommen – schließlich wächst in dieser Zeit ein Leben in mir heran. Das ist ein Wunder von der echt krassen Sorte.

Ich entschied mich gleich für eine der zahlreichen Schwangerschaftsapps und lud sie mir noch am selben Tag runter, an dem ich den positiven Test in meinen Händen hielt – die App kannte ich tatsächlich noch aus meiner vorangegangenen Schwangerschaft. Dank ihr wusste ich, dass ich circa in der 5. Woche schwanger war. Den ersten Termin bei meiner Frauenärztin hatten wir erst 2 Wochen später vereinbart, zum einen in der Hoffnung, bis dahin mehr im Ultraschall sehen zu können als einen kleinen Kreis. Vielleicht sogar mehr als beim letzten Mal. Zum anderen musste ich 2 Tage nach dem Test beruflich nach Paris. Oh, Paris! Ich liebe diese Stadt schon, seitdem ich sie als Teenager zum ersten Mal bei einem Mädelstrip mit meiner Mutter hatte kennenlernen dürfen. Ich war dort zu einem Jubiläumsevent eines meiner Kunden eingeladen. Es sollte sich über 3 Tage mit einem gefüllten Terminkalender erstrecken, 2 weitere Tage hingen wir privat dran, um die Atmosphäre dieser Stadt auch gänzlich aufsaugen zu können. Das „Wir" bildeten im Übrigen meine Freundin und ich – sie hatte mich schon zu einigen Veranstaltungen begleitet, weshalb wir bereits ein eingespieltes Team bildeten. Leon blieb zu Hause.

Meine Welt stand jedoch Kopf und das mitten in Paris. Ich war völlig in meine Gedanken versunken und damit beschäftigt, mich selbst zu sortieren, während ich mir nach außen hin nichts anmerken lassen wollte. Nein, dieses kleine, süße Geheimnis sollte zu diesem Zeitpunkt noch nicht in die Welt hinausposaunt werden, jedenfalls nicht über unseren engsten Kreis hinaus. Ich wollte mich noch nicht mit den Erfahrungen, Geschichten, Ratschlägen und Fragen anderer auseinandersetzen, bevor ich selbst noch gar nicht meinen Platz in dieser völlig neuen Welt gefunden hatte. Lieber ließ ich mir immer wieder aufs Neue Ausreden einfallen, wieso ich denn nicht wenigstens mit einem Glas Sekt anstoßen wolle – ein

Glas sei schließlich kein Glas. Vom Antibiotikum über die Blasen-entzündung bis hin zum *Ich vertrage einfach keinen Alkohol* war alles dabei. Schon seltsam, dass wir uns überhaupt immer wieder dafür rechtfertigen müssen, wenn wir lieber zum Wasser greifen, statt zum Alkohol.

Schwanger. Immer wieder schwebte dieses Wort in meinem Kopf herum, ohne dass ich mich damit identifizieren konnte. Irgendwie war ich noch ungläubig darüber, dass das nun wirklich auf mich zu-treffen sollte – viel zu frisch war alles noch. Immerhin waren erst wenige Tage vergangen, seitdem ich davon erfahren hatte. Schwan-ger. Obwohl ich diese Tatsache selbst erst verinnerlichen musste, verspürte ich diesen wahnsinnig großen Drang, permanent darüber zu reden – jedenfalls mit den Personen, die eingeweiht waren. Ich hatte sogar schon ein schlechtes Gewissen gegenüber meiner Freundin, dass ich immer und immer wieder auf dieses Thema kam und total versunken war. Ständig las ich ihr Berichte aus meiner Schwangerschaftsapp vor, in denen der aktuelle Entwicklungsstand, das geschätzte Gewicht und die geschätzte Größe des Embryos in der jeweiligen Schwangerschaftswoche beschrieben standen. Und ich las nicht nur die Woche vor, in der ich mich gerade befand. Stattdessen bestaunten wir die Entwicklung, die ein Baby über den ganzen Schwangerschatfszeitraum durchmacht. Den Mädelstrip hatte sie sich sicher auch etwas anders vorgestellt, dachte ich mir – und das nicht unbedingt wegen unserer nicht so vielfältigen Ge-sprächsthemen. Die Pausen zwischen den Terminen auf der Reise verschlief ich meist, da mich bereits eine extreme Müdigkeit heim-suchte, die mich schlichtweg ausknockte. Viel Sightseeing war also auch nicht drin. Mein schlechtes Gewissen legte sich bald. Ich suchte ein Gespräch mit meiner Freundin und erzählte ihr davon. Es stellte sich heraus, dass meine Gedanken total unnötig gewesen waren. Sie freute sich über meinen Umstand und noch mehr darüber, mich auf meiner ganz eigenen, spannenden Reise zu begleiten. Es freute sie, Einblicke in mein Kopfuniversum zu erhalten, statt dass es sie nervte, schließlich lud sie sich selbst diese App herunter, weil sie immer darüber informiert sein wollte, wie weit unser Baby bereits entwickelt war.

Eine Schwangerschaft verändert in den ersten Wochen natürlich nicht viel, jedenfalls nicht sichtbar. Innerlich aber wütet bereits das absolute Hormonchaos, der Körper befindet sich bereits im Ausnahmezustand. Ich bin mir sicher, dass der Zeitpunkt, an dem sie auch die eigenen Gedanken verändern, bei jeder Frau unterschiedlich ist. Die einen haben vielleicht gerade noch ein Wahnsinnsprojekt vor der Brust und blenden die Schwangerschaft zunächst aus. Andere wollten sie vielleicht gar nicht und kämpfen noch mit dem Gedanken, ob sie diesen Weg wirklich gehen wollen. Und dann gab es mich. Meine Welt veränderte sich schlagartig. Ich werde eine Mama, dachte ich. Ich bekomme ein Baby.

Ich freute mich, manchmal sogar so sehr, dass ich dachte, ich würde mich zu viel freuen. Was, wenn der Test fehlerhaft war? Ja, ich hatte schon Angst davor, mich zu freuen, und auch vor dem Termin, Angst, dass dieser Traum eben nur das sein könnte: ein Traum. Ich machte bis zu unserem Termin bei der Frauenärztin noch drei weitere Tests, um mich immer und immer wieder abzusichern, dass noch alles beim Alten war. Danke, Mr. Monk.

Ich lebte in meiner eigenen kleinen Blase, fühlte mich besonders, obwohl ich mich noch gar nicht schwanger fühlte. Ich ließ meine Hand immer wieder auf meinen Bauch fahren, obwohl ich noch gar nicht realisiert hatte, dass darin ein kleiner Mensch heranwächst. Doch meine Verlustangst fraß mich innerlich auf. Ich träumte nachts von Blutungen, wachte mit Tränen in den Augen auf, schaute bei jedem Toilettengang zunächst in den Schlüppi, um ja sicherzugehen, dass sich das Erlebnis von vor 2 Jahren nicht wiederholte. Abends rief ich oft weinend meine Mutter an, die mir beruhigende Worte für die Nacht schenkte.

Der erste Besuch bei meiner Frauenärztin als schwangere Frau sollte etwas Besonderes sein. Wir waren so aufgeregt, dass wir bereits 20 Minuten vorher da waren, obwohl die Praxis nur ganze 5 Minuten von unserem Zuhause entfernt lag. Schnell gingen wir noch zum Bäcker nebenan, um unseren Magen wenigstens mit einer Kleinigkeit zu füllen. Ganze zwei Bissen meines Brötchens habe ich runterbekommen.

Bei der Frauenärztin bekamen wir dann endlich die Bestätigung, dass sich alles am richtigen Platz befindet und unser kleiner Wurm zeitgemäß entwickelt ist. *„Aber freuen Sie sich nicht zu früh, Sie wissen ja, wie schnell es gehen kann"*, sagte die Ärztin zu uns. *„Freuen Sie sich nicht zu früh."* Und damit traf sie meinen wundesten Punkt.

Aber wie soll man sich denn eigentlich zu früh freuen können? Ein positiver Test ist ein positiver Test und eine Schwangerschaft nun mal eine Schwangerschaft. Und wenn man sich darüber freut, dann sollte man das doch auch rauslassen können, oder nicht? Ist das Leben denn nicht immer unvorhersehbar? Schließlich kann dir niemand sagen, was morgen passieren wird. Niemand kann dir sagen, wie genau dein Leben aussehen wird, wie alt du mal werden wirst, welche Menschen dich auf deinem Weg begleiten werden, wie lange sie an deiner Seite sein werden und ob du nicht doch irgendwann noch mal den Job wechseln wirst. Aber ist es nicht genau das, was das Leben ausmacht? Sicherheit kann dir niemand geben außer du dir selbst. Und genau das musste ich wieder lernen, indem ich lernte, zu vertrauen.

„Sie sollten sich, sobald es geht, eine Hebamme suchen, aber, ach …
warten Sie mal noch bis zum nächsten Termin. Ich will Sie in 2 Wo-
chen wieder sehen und dann bekommen Sie auch ein wenig Infomate-
rial von mir." Ich wusste nicht, wie ich darüber denken sollte. Ich
freute mich doch eigentlich so sehr darüber, dass sich unser Baby
richtig eingenistet hatte und doch alles so gut aussah.

Sich seiner Freude zu berauben aus Angst vor der Ungewissheit,
das klingt doch irgendwie falsch – auch wenn ich selbst anfangs
dachte, dass das der größte Schutz vor einer Enttäuschung sei.
Wenn ich mich noch nicht so sehr freue, dann könnte ich ja auch
nicht so traurig sein, dachte ich. Außerdem war ich innerlich eigentlich schon am Platzen vor Freude über den kleinen Punkt, der
in meinem Bauch zu einem Baby heranwachsen würde. Wie
schwachsinnig dieser Gedanke war, wurde mir erst klar, als die Ärztin es laut aussprach. Die Schwangerschaft sollte in meinen Augen
keine bloße Übergangzeit sein, in der wir aus lauter Angst vor
dem, was passieren könnte, vergessen zu leben, bis wir endlich das
Endergebnis einer langen Reise in den Händen halten. Ich war
zwar schwanger und zugegeben, es war für mich nicht immer
leicht, mich mit etwas anderem als „der Schwangeren" zu identifizieren, trotzdem war ich immer noch eine Frau und lebte immer
noch im Jetzt. Eigentlich ist doch alles, was wir haben, heute. Jetzt.
In genau diesem Moment. Gestern kannst du nicht ändern und
das, was morgen passieren wird, wohl auch nicht. Dinge, die wir
getan haben, können wir nicht rückgängig machen. Und eigentlich
ist es doch auch genau das, worauf es im Leben ankommt, oder

nicht? Jetzt zu leben. Nicht in der Vergangenheit, nicht morgen. Das Beste aus jedem Moment zu machen, auch wenn das Beste mal bedeutet, faul auf dem Sofa zu liegen. Indem wir immer und immer wieder in der Vergangenheitskiste kramen, verbauen wir uns doch selbst den Zauber des gegenwärtigen Moments.

Mir die Freude aus Angst zu verbieten, weil ich dachte, es sei der schlauere Weg, nahm mir so viel Lebensqualität. Ich entschied, meine Bremse im Kopf zu lösen. Es war für mich an der Zeit, Vertrauen zu lernen. Wahrhaftig zu lernen, dem Körper, der Natur zu vertrauen und daran zu glauben, dass alles gut ist – auch wenn das die wohl größte Herausforderung für mich als Schwangere und auch heute noch als Mutter ist. In keiner Phase meines Lebens habe ich so sehr gelernt wie in dieser, meine Intuition wiederzufinden und meiner inneren Stimme wieder lauschen zu können.

9 Wochen war ich nun schon schwanger. Mit jeder Woche konnte ich mich mehr von meinen alten Ängsten lösen, mit jeder Woche, die ich länger schwanger war als beim letzten Mal. Die Albträume wurden weniger und die Übelkeit und Müdigkeit nahmen zu. Mein Leben war schon jetzt nicht mehr so wie vorher, eigentlich war es das schon nicht mehr, seit ich den positiven Test in der Hand gehalten hatte. Meine Reise von einer Frau zu einer Mutter hatte schon begonnen. Es war, als hätte jemand meine Gedanken kernsaniert. Zwar konnte man die Grundrisse des Altbaus noch erkennen, jedoch war der Rest mit neuen Ideen, Farben und Mustern gefüllt. Und ich liebte es. Mein Körper sah zwar noch aus wie vorher, er fühlte sich jedoch anders an. Nein, schwanger fühlte ich mich noch nicht so richtig. Na ja, ein wenig vielleicht. Meine Gedanken kreisten doch ständig um mein Baby, die richtige Wahl des Geburtsortes oder unser Büro, das wir noch zum Kinderzimmer

umbauen mussten. Aber ein Bauch, dieser kugelrunde, wunderschöne Babybauch, der fehlte noch. Da war mein Kopf wohl wieder schneller. Kein Wunder, wo wir doch schon so früh mit allen nur möglichen Themen konfrontiert wurden und die ersten so lieb gemeinten Ratschläge auf uns einprasselten.

Müde fühlte ich mich. Ich schlief teilweise 16 Stunden am Tag und konnte kaum daran denken, meiner Arbeit nachzugehen.
Viel mehr war ich damit beschäftigt, alle 2 Stunden einen kleinen Snack zu essen, damit die Übelkeit mich nicht komplett in die Knie zwang. Natürlich war es anstrengend und ich würde lügen, wenn ich behaupten würde, dass mich diese Übelkeit nicht total nervte. Wie man so schön sagt: Widerstand wäre zwecklos gewesen. Sich darüber aufregen, auch das wäre zwecklos gewesen. Der innere Widerstand gegen das, was man sowieso nicht ändern kann, ja, den gibt es in so vielen Situationen. Wie zum Beispiel in unserem Babymoon, der unser letzter Urlaub in Zweisamkeit werden sollte: Wegen der Müdigkeit und der immer noch anhaltenden Übelkeit in der 12. Schwangerschaftswoche verbrachte ich ihn in unserem klimatisierten Zimmer, statt draußen am Meer. Ich habe so viele Dokus auf ZDFinfo geschaut, dass man diesen Urlaub schon fast als Bildungsreise hätte verbuchen können. Zugegeben, diesen Urlaub hatten wir uns schon etwas romantischer vorgestellt. Stattdessen verbrachten wir ihn ja quasi getrennt voneinander – Leon in der Sonne auf der Terrasse unserer Junior Suite und ich drinnen im Bett. Na ja, immerhin eine Junior Suite und All-inclusive-Verpflegung. Bei dem, was ich mit der Übelkeit runterbekam, lohnte sich vor allem das richtig. Ich meine, ich konnte schließlich so viel Pommes mit Wassermelone und Eis essen, wie ich wollte. Das war meine Leibspeise im Urlaub, auch wenn ich mir diese Kombination heute nur noch schwer vorstellen kann.

Ich dachte mir schon damals, dass es mir sicher vieles erleichtern würde, wenn ich die Situation so annehme, wie sie ist, zumal ich sie nicht schlimm fand. Sie war eben nur anstrengender als der Normalzustand und, na ja, ein bisschen schade war es schon, dass ich genauso weiß aus dem Urlaub wieder nach Hause flog, wie ich angekommen war. Trotzdem hatte ich die Ruhe genossen und diese entschleunigte Zeit sehr geliebt. Es war nun mal so. Und es war okay. Mein Körper arbeitete, er schaffte das erste Zuhause für unseren kleinen Krümel im Bauch. Die Hormone stellten sich um und meine Emotionen fuhren Achterbahn. Dass das viel Energie benötigt, das kann sich jeder gut vorstellen, denke ich. Und wie alles im Leben mit einem Kind, war auch das nur eine Phase. Hihi.

Ja, willkommen im Schwangerschaftsuniversum. Diesem reibungslosen und in sich perfekten, kleinen Universum und zugleich endlos großen Raum mit ständig neu aufleuchtenden Sternen, Überraschungen und Dingen, die man manchmal nicht erklären, sondern vielleicht einfach nur fühlen kann.

Janas Ehemann Leon erinnert sich:

Das Thema Schwangerschaft war bei mir im Vergleich zu Jana erst mal überhaupt kein Thema, besonders in der Zeit, in der ich noch in den USA lebte und studierte. Ich war von meiner Freundin neuntausend Kilometer Luftlinie getrennt und wir hatten quasi noch nie zusammen gewohnt. In der Schule sprach man manchmal darüber, wann man heiraten und Kinder haben möchte, und ich weiß noch, dass ich dabei immer 27 gesagt habe. Mit 27 Jahren heiraten und dann direkt das erste Kind bekommen. Na ja, jetzt kam erst das Kind mit 24 und dann die Hochzeit mit 25 Jahren.

Die erste Schwangerschaft, die leider frühzeitig und sehr traurig endete, traf mich wie ein Schock. Ich denke, Jana ging es nicht anders, schließlich sprachen wir zu der Zeit zwar über Kinder, jedoch war uns beiden völlig klar, dass wir es nicht drauf anlegen wollten, solange ich noch in den USA war – und doch ist es passiert. Ich wusste nicht, wie ich reagieren sollte, mir wurde ganz warm, mir drehte es den Magen um, ich war einfach komplett überfordert mit der Situation.

Für mich ganz persönlich bedeutet Vater zu sein, dass man sich um die Familie kümmern kann, natürlich auch finanziell. All das war in der damaligen Situation nicht gegeben. Ich war Student in den USA, hatte dort noch ein ganzes Jahr vor mir, hatte kein Einkommen und wusste gar nicht, wie die Zukunft für mich aussieht. Mal abgesehen davon, dass ich eventuell sogar die Geburt meines Kindes verpasst hätte, weil ich nicht mal eben so spontan hätte fliegen können. Ich hätte Jana nicht in der Schwangerschaft unterstützen können, den Bauch nicht wachsen sehen, die Bewegungen des Kindes im Bauch nicht spüren können, wäre nicht bei Arztterminen dabei gewesen. Fernbeziehung ist generell schon beschissen, weil man sich immer nur über Facetime sehen konnte, aber dann auch die erste Schwangerschaft nur online verfolgen zu können, wäre einfach nur ein Albtraum gewesen. Den Traum, Fußballprofi in den USA zu werden, gab es auch noch und war sogar später zum Greifen nah. Ich war selbst noch kein richtiger Mann, der sein Leben im Griff hatte oder wusste, was er will und wo sein Weg hinführt. Ich konnte mich nicht auf diese Schwangerschaft einlassen, obwohl ich Janas Entscheidung, das Kind behalten zu wollen, verstehen konnte. Dass diese dann ein so furchtbares Ende nahm, riss uns beide in ein tiefes Loch.

Als ich dann endlich wieder in Deutschland war und mit Jana zusammenzog, sah die Situation nach einem Jahr schon ganz anders aus. Ich war fast fertig mit meinem Masterstudium, finanziell besser aufgestellt, ich hatte eine Vision und einen Plan für meine Zukunft. Jana und ich funktionierten als Team, unser Zusammenleben harmonierte und wir feierten auch beruflich Erfolge. Ich fühlte mich wohl und merkte, dass ich angekommen war. Ich wusste nun, was ich wollte. Natürlich war das Thema Schwangerschaft immer schon ein wichtiges und großes Thema. Schon mit 17 Jahren hatte mir Jana erzählt, dass sie sich Kinder wünschte und gerne auch jung Mutter werden wollte. Ich wusste, dass die erste Schwangerschaft und Fehlgeburt den sehnlichsten Wunsch von Jana noch vergrößert hatte und dann war es auch für mich nicht mehr abwegig. Ich konnte mich selbst in einer Vaterrolle sehen, konnte mir vorstellen, mich um eine Familie zu kümmern. Rückblickend erkenne ich, dass mich besonders das gesellschaftliche Bild der Vaterrolle sehr beeinflusst hat.

Der Mann muss arbeiten gehen und das Geld verdienen, um seine Familie zu ernähren.

Als der Test dann wirklich positiv war, haben wir uns total gefreut auf diesen neuen Abschnitt, auch wenn es für Jana definitiv spannender und aufregender war. Jana ist buchstäblich in dem Thema versunken und konnte an nichts anderes mehr denken, während ich es etwas entspannter anging. Für mich war all das einfach noch weiter weg. Nun ja, sie war schwanger, aber bis das Baby kommen würde, dauerte es ja noch etwas. Janas ganzer Körper war im Umschwung, die Hormone drehten durch, weil nun mal ein Baby in ihr heranwuchs. Was mich immer wieder faszinierte, war der Prozess des Wachsens des Babys. Wie ist es möglich, dass durch ein Spermium und eine Eizelle Leben erschaffen wird, Organe gebildet werden, das Gehirn, die Nerven, alles, was den menschlichen Körper so besonders macht? Und all das passierte in Janas Bauch, so ganz nebenbei. Gerade deswegen hat es mich auch immer sehr interessiert, wenn Jana mir aus den Schwangerschaftsapps vorlas, wie sich das Baby in der jeweiligen Woche verändert und was die Frau durchmacht. Das kann ich auch wirklich nur jedem Partner, jeder Partnerin empfehlen. Mir hat es sehr geholfen, viel mit Jana über ihre Gefühle zu sprechen, um einen Einblick in ihr Universum zu erhalten, und Apps herunterzuladen oder mich anderweitig zu belesen, um der Schwangerschaft näher zu sein.

Das Kind trägt nun mal die Mutter aus und für mich war es auch ganz klar, dass es für Jana nur noch um das Thema ging, und das war okay. Ich fühlte mich dadurch nicht benachteiligt, denn ich freute mich einfach so sehr für Jana. Die Fehlgeburt war ein riesiger Schock gewesen und ein Albtraum, weswegen es mich um so mehr gefreut hat, dass dann alles super lief und Jana total in ihrer Rolle aufging. Ich war glücklich mit der Situation und glücklich, ganz bald eine Familie zu haben.

Ich bin genug.

Meine Lebensbereiche

___

Auf einer Skala von 1 bis 5: Wie zufrieden bist du mit deinem Leben in den Lebensbereichen? Kreuze an!

nicht
zufrieden

sehr
zufrieden

☐	☐	☐	☐	☐	du mit dir selbst
☐	☐	☐	☐	☐	Familie
☐	☐	☐	☐	☐	Partnerschaft & Beziehung
☐	☐	☐	☐	☐	Freund*innen & soziale Kontakte
☐	☐	☐	☐	☐	Gesundheit & Körper
☐	☐	☐	☐	☐	Beruf & Karriere
☐	☐	☐	☐	☐	Finanzen
☐	☐	☐	☐	☐	Freizeit & Hobby
☐	☐	☐	☐	☐	Kreativität
☐	☐	☐	☐	☐	Selbstverwirklichung
☐	☐	☐	☐	☐	deinem Zuhause

Meine Komfortzone

———

Schreib in den inneren Kreis, wo und mit welcher Tätigkeit du dich sehr wohl und sicher fühlst. Ergänze im äußeren Kreis, was du eigentlich gerne machen würdest, dich aber noch nicht dazu überwinden kannst. Zum Beispiel: allein essen gehen, Karaoke singen, Sport in einer Gruppe machen oder ein Geheimnis teilen.

*Schreib auf, was dich davon abhält, die Dinge außerhalb
deiner Komfortzone zu tun:*

Ich würde gerne ...   Das hält mich noch ab:

_____

_____

_____

_____

_____

*Was ist der kleinste Schritt, den du in Richtung Wachstumszone
gehen könntest? Eine Recherche? Einen Termin vereinbaren?
Oder mit deinem Herzensmenschen darüber sprechen? Eine Aktivität erst mal nur für 60 Sekunden durchführen? Notier es hier:*

_____

_____

_____

_____

Schritte für mehr Mut im Leben

————

Mehr Mut im Leben zu haben, kann dir helfen, die Dinge zu tun, die du eigentlich tun möchtest – ohne auf das zu schauen, was andere dazu sagen oder davon halten. Wenn du verstehst, dass du nichts zu verlieren hast, kannst du nur gewinnen – du gewinnst dich selbst!

————

1. Werde dir über deine Stärken und Schwächen bewusst und schreib sie auf.

2. Lass die Erwartungen anderer los. Was willst DU selbst wirklich? Die Reflexionsaufgabe auf Seite 72 kann dich dabei unterstützen.

3. Träum mal richtig groß und halte das fest. Was würdest du tun, wenn du richtig mutig wärst? Was macht dich im Leben glücklich?

4. Verstärke deinen Mut! Notier dir, wann du im Leben mutig warst und was du alles schon geschafft hast.

5. Reflektiere dich und sei ehrlich mit dir selbst. Nimm dir einmal die Woche Zeit, um Situationen aufzuschreiben, in denen du noch nicht so mutig warst, und überlege, wie du beim nächsten Mal reagieren würdest.

6. Erforsche dein eigenes Leben und ändere deine Perspektive! Dabei kann dir deine innere Heldenrunde helfen. Die Anleitung dafür findest du auf Seite 144.

Was ist das Schlimmste, was passieren kann?

Kommst du in deinem Leben an einem bestimmten Punkt nicht weiter, weil dir gerade etwas Angst macht? Stell dich den nachfolgenden Fragen und fühl nach, ob du dich danach leichter fühlst!

Davor habe ich Angst:

_____

_____

_____

Das könnte passieren, wenn ich die Angst zulasse:

_____

_____

Das ist das Schlimmste, was passieren kann:

_____

_____

Das könnte passieren, wenn ich die Angst überwinde:

_____

_____

_____

KAPITEL 3

Schwanger sein ist sexy,
DACHTE ICH

Schwanger sein ist sexy, dachte ich. Mein Maßstab an mich selbst als schwangere Frau im Bereich Sexiness war, na ja, sehr sexy. Kennst du ihn auch? Diesen Film mit Jennifer Lopez, in dem sie sich als Single-Frau entscheidet, mithilfe einer Samenspende schwanger zu werden, und dann – bereits schwanger mit Zwillingen – den Mann ihrer Träume kennenlernt? Ich erinnere mich noch zu gut an diesen Film. Sie verliebten sich also und als er daraufhin Rat bei einem seiner Freunde suchte, der bereits Kinder hatte, erzählt dieser ihm, dass eine schwangere Frau auf dem Höhepunkt ihrer Sexiness sei und es keinen besseren Sex als den mit einer schwangeren Frau gäbe. So dachte ich auch.

Mit fortschreitender Schwangerschaft und einem wachsenden Baby im Bauch, veränderte sich mein Körper. Meist langsam und gemütlich, manchmal aber auch plötzlich über Nacht. Seitdem wir die Schwangerschaft mit dem ganzen Internet geteilt hatten, wollte ich auch, dass sie jeder sehen konnte. Ich war so stolz auf meine kleine Kugel, auch wenn man sie noch lange mit einem Foodbaby hätte verwechseln können. Ich fand es toll, dass mein Körper sich veränderte, und hatte tatsächlich keinerlei Probleme mit der steigenden Zahl auf der Waage. Ich fand es sogar komisch, dass mir sowohl meine Frauenärztin als auch meine Hebamme immer sagten, dass es ja normal sei, wenn die Zahl auf der Waage steigt und ich mich deshalb nicht schlecht fühlen bräuchte. Schlecht fühlte ich mich deshalb ganz sicher nicht, eher konnte ich es kaum abwarten, bis mein Bauch endlich noch größer werden würde. So weit, so gut. So weit, so easy-going. Bereits in der 14. Schwangerschaftswoche zog ich mit meiner Mutter los, um neue Kleidung für mich zu kaufen.
Meine Mama und ich hatten schon immer eine außergewöhnliche Beziehung zueinander. Eine außergewöhnlich schöne. Wir sind

neben Mutter und Tochter ganz zufällig auch noch wie Freundinnen, die über alles reden können. Mit meiner Mama habe ich schon die verrücktesten Geschichten erlebt. Sie ist für mich ein Fels in der Brandung, eine Freundin, mit der ich mittwochabends Grey's-Anatomy-Abende feiere, und mein Nottelefon, wenn es mal brenzlig wird, egal in welcher Situation. Sie freute sich so sehr über die Schwangerschaft und auf ihre Rolle als angehende Oma. Und so zogen wir beide los – absolut im Babyfieber. Nötig war es zu diesem Zeitpunkt eigentlich noch nicht, jedoch spürte ich dieses unglaublich große Bedürfnis, mich in der Schwangerschaftswelt so richtig auszutoben. Ich wollte mein Glück der ganzen Welt zeigen und mir am liebsten „Schwanger" auf die Stirn schreiben, wo mein Bauch doch noch so klein war, dass ihn niemand wahrnehmen würde. Wir fuhren extra ins 130 Kilometer weit entfernte Düsseldorf, weil wir hofften, eine noch größere Auswahl passender Kleidung zu finden und vielleicht doch den ein oder anderen Blick in diese zuckersüßen Babyläden zu werfen.

Ich liebe Mode. Sie ist für mich eine Leidenschaft, etwas, womit ich mich ausdrücken kann. Vor allem liebe ich High-Waist-Hosen und taillierte Kleider. Ich brauchte wirklich Jahre, um das herauszufinden. Lange experimentierte ich hin und her: von superknappen Kleidern und Röcken über Crop Tops, Jumpsuits, die für 2 Meter lange Beine gemacht waren – ich erreiche in der Gesamtlänge gerade mal 1,64 Meter –, die ich aber nie kürzen ließ, bis hin zu All Black, untermalt mit dunkellila Lippenstift und platinblonden Haaren. Dann endlich erkannte ich, was wirklich zu mir passt, was ich wirklich fühle und was nicht nur im Modemagazin gut aussieht. Schließlich bin ich keine 1,80 Meter, sondern kleiner; außerdem war ich zwar schlank und nicht sonderlich breit gebaut, aber zu den Models im Fernsehen ist da immer noch ein deutlicher

Unterschied. Nachdem ich Tausende Male auf perfekt inszenierte Werbefotos reinfiel, fand ich also endlich den Style, den ich wirklich liebe und der zu mir und meinem Selbst passt.

Ja, ich trug eigentlich ausschließlich High-Waist-Hosen oder hochgeschnittene Röcke, alles meist in gedeckten Farben, die manchmal durch einen Animalprint durchbrochen wurden. Ich mochte es, wenn ich meine von Natur aus eher schmale Taille betonen konnte. Es mussten keine an sich eng geschnittenen Unterteile sein, Hauptsache, sie endeten nicht schon an der Hüfte, so wie es in den frühen 2000er-Jahren im Trend gewesen war. Meistens trug ich ein eng geschnittenes Teil und ein weit geschnittenes, welches davon nun Ober- oder Unterteil war, war egal. Manchmal trug ich auch ganze Säcke, manchmal als Einteiler, manchmal als Zweiteiler, bodenlange Kleider, die an keinem Punkt des Körpers eine Betonung hervorrufen. Oversize fand ich toll – ganz egal ob Blazer, Mäntel oder T-Shirts. Eigentlich ist es ja ziemlich praktisch, wenn man auf weit geschnittene Shirts steht und der Bauch in den kommenden Monaten überdimensional wachsen wird – und gleichzeitig unpassend, wenn man doch so unbedingt zeigen möchte, welches Zauberwerk man unter seiner Brust trägt.

Ganz schön überzogen, könnte man denken. Gibt es denn nichts wichtigeres, über das man sich als werdende Mama Gedanken machen kann oder sollte? Oh ja, von außen betrachtet und ohne Hormoncocktail würde ich das auch so sehen.
Wenn ich diese Zeilen schreibe, fühle ich mich auch heute noch so in diese Zeit zurückversetzt, immerhin ist auch diese Zeit ein Teil von mir. Ich weiß noch genau, wie aufregend all das war. Meine Schwangerschaft war ein Universum, in dem ich von so vielen neuen Dingen überrascht wurde, von Emotionen, die ich in dieser

Intensität noch nie gefühlt hatte, und Themen, die mich auf eine ganz neue Art in ihren Bann zogen. Wenn ich die Zeit rückblickend betrachte, dann war ich eine andere Version von mir selbst, auch wenn ich das damals nicht so empfunden habe. Ich lebte schließlich in meiner Blase, gefüllt mit einem riesigen Kopfchaos und Emotionen, die ich mir nicht erklären konnte.

Meine erste Errungenschaft war eine zwar etwas elastische, aber dennoch hoch geschnittene Hose – natürlich aus der normalen Damenabteilung. Genauer gesagt, war es eine beige Jogginghose aus Wolle, in der ich so viel Potenzial sah. Ich konnte mir so gut vorstellen, sie für jeden Anlass cool zu stylen und trotzdem bequem rumzulaufen. Ich sehe noch heute vor meinem inneren Auge, wie stolz ich in diesem riesigen Modehaus stand, in einer gigantisch großen Umkleidekabine, in die sicher auch 5 schwangere Frauen gleichzeitig passen würden. Ich stand dort und blickte immer wieder auf meine kleine Kugel, noch völlig außer mir vor Freude, dass die Verkäuferin diese sogar als Babybauch betitelte – ohne dass ich ihr gesagt hatte, dass ich schwanger war. Vielleicht stand es doch irgendwie auf meiner Stirn, vielleicht lag es aber auch einfach nur daran, dass meine Hand permanent auf meinem Bauch ruhte. Womöglich eher Letzteres. Ich weiß noch, wie fröhlich und fest entschlossen ich meiner Mutter erklärte, dass in dieser Hose ja noch so viel Platz für meine bald bestimmt riesige Kugel sei. Gesagt, gekauft.

Das Einzige, was mir von unserer Shoppingtour 3 Wochen später noch passte, waren die Oversize-Pullover, die breiten T-Shirts und eine Leggings, die ich als einzige Hose die ganze Schwangerschaft über getragen habe – und damit meine ich wirklich jeden Tag. Irgendwann kaufte ich sie mir noch ein zweites Mal. Jap. Es war eine High-Waist-Leggings, beziehungsweise eine „Above the bump"-Leggings, aber eine, die extra für schwangere Frauen gemacht war, denn von allen anderen „normalen" hochgeschnittenen Hosen, ja, von denen konnte ich mich schmerzlich verabschieden. Auch von der neu gekauften Wollhose, die mir erst 8 Monate nach der Geburt wieder vernünftig passte.

Schwangere Frauen waren für mich immer bildschön, egal in welche Kleidung sie ihre Körper steckten. Umso erschrockener war ich über die Tatsache, dass ich mich gar nicht so wohlfühlte, jedenfalls dann nicht, wenn es darum ging, meinen zauberhaften Körper mit passender Kleidung zu umhüllen. Ich war so stolz und so glücklich, diesen kleinen Mini-Menschen in mir tragen zu dürfen; und doch fühlte ich mich einfach nicht ganz wohl. Ich fand mich blass, na ja, ich war auch verdammt blass und fand mich einfach nicht … attraktiv. Anfangs war das noch kein Problem. Dann kam der Zeitpunkt, an dem sich meine Taille veränderte und breiter wurde. Na, wer hätte denn auch gedacht, dass nicht nur der untere Bauch, sondern gar die ganze Taille und später auch das Becken mitwächst? Ich war doch schließlich zum ersten Mal schwanger. Es war nicht so, dass ich an sich ein Problem mit dieser Veränderung hatte, wo ich meinen Körper doch so sehr für das liebte, was er gerade tat. Es fiel mir jedoch schwer, einen neuen Style als schwangere Frau zu finden, weil ich genau das, was ich so sehr liebte, nicht mehr so wirklich anziehen konnte und es in der Umstandsmodenabteilung doch nur so vor Blümchen und Schleifchen wimmelte. Versteh mich nicht falsch, ich mag Blümchen und Schleifchen finde ich auch ganz okay. Aber nur, weil ich Einhörner toll finde, laufe ich ja auch nicht den ganzen Tag im Regenbogenkostüm herum. Ja, entweder waren es stinknormale Jeans mit einem hohen Gummizug oder Blümchenkleider, die man über dem Bauch zusammenbinden konnte. Ich fragte mich schon damals, was für ein Bild die Menschen wohl von einer schwangeren Frau haben müssen, die diese Mode designen. Tschüss, Taille, tschüss, junge Frau, und hallo, Klischee-Mutti – oder wie sieht da das Motto aus? Schließlich ist man nicht nur „die Schwangere", sondern darüber hinaus auch noch eine Frau mit ganz normalen Bedürfnissen, auch wenn ich diese Frau selbst oft genug in mir vermisste. Ein absoluter Zwiespalt und das mitten im Hormonchaos.

Als Schwangere fühlte ich mich wirklich schön, aber als Frau? Da fühlte ich mich nicht mehr so sexy, und das, obwohl ich doch so fest davon ausging, dass eine Frau in ihrer Kugelzeit auf dem Höhepunkt ihrer Sexiness sein müsste. Ich bin mir ganz sicher, dass es vielen schwangeren Frauen genau so geht – mir aber nicht. Es war wie ein innerer Konflikt dieser beiden Ladys in meinem Kopf. Der Dame, die dachte, sie müsse nun den Erwartungen entsprechen, die mein nichtschwangeres Ich an mein schwangeres Ich stellte, und der Dame, die mal so gar nichts von diesen Erwartungen hielt. Hach! Und dann bin ich noch so in diesen unpassenden Vergleichen versunken, den sozialen Plattformen, auf denen die anderen schwangeren Frauen gar nicht so blass daherkamen wie ich. Wenn ich all das so betrachte, dann war die Schwangerschaft eine Zeit der absoluten Paradoxa in mir drin.

Dabei war gerade das der richtige Zeitpunkt, an dem ich lernen musste, mich von diesen Erwartungen und den ganzen Vorstellungen, die ich so von meiner Schwangerschaft hatte, zu lösen. Schwangerschaft ist so individuell – nicht nur von Frau zu Frau, sondern auch von Schwangerschaft zu Schwangerschaft. Und doch wird genau das immer wieder verdrängt – von Schwangeren, Frauen generell und auch von der Gesellschaft. Es gibt keine bestimmten Kriterien, denen man als kugelnde Frau entsprechen muss. Man darf, man kann, man muss nicht. Niemandem muss man beweisen, was man in diesem Zustand noch alles so unternehmen kann. Nur weil man schwanger ist, heißt es schließlich nicht, dass man keine aufregenden Dinge mehr unternehmen kann und man sein Abendprogramm fortan alleine absitzen muss. Noch muss man beweisen, dass eine Schwangerschaft anstrengend sein kann. Wenn man sich danach fühlt, auszugehen, sich aufzubrezeln, wenn man sich danach fühlt, mit dem Partner oder der Partnerin zu schlafen, dann go for it – wenn man sich nach Rückzug, Sofa und Einkuscheln sehnt, dann ist auch das kein Zeichen dafür, dass der Spaß des Lebens nun ein Ende hat. Wenn ich mich nach bestimmten Dingen schlichtweg nicht fühlte, dann war es in dem Moment ja kein Verzicht für mich. Vielmehr war alles, wonach ich mich nicht fühlte, einfach nur doppelt anstrengend, wenn ich es trotzdem tat.

Es war mehr denn je an der Zeit, meiner inneren Stimme wieder zu lauschen, die ich im Alltag schon ganz gerne mit lauter Musik zu übertönen versuchte. Letztendlich holt sich der Körper sowieso genau das, was er braucht. Ich glaube fest daran, dass man sich die Zeit nur unnötig schwerer macht, wenn man zu viel auf Mr. Monk hört. Na ja, ich glaub's nicht nur, ich habe es sogar selbst erfahren, so oft, wie ich den Empfehlungen von Monky Monk nacheiferte. Bedürfnisse kennenzulernen und auf die eigene Intuition zu hören, war eine echte Herausforderung für mich, obwohl ich schnell merkte, dass ich in der Schwangerschaft schon fast dazu gezwungen war. Tat ich dies nämlich nicht, sorgte mein Körper wie eine Löwenmama dafür, dass ich mich ja an das halte, was er von mir forderte. *„Du brauchst Ruhe, nimmst sie dir aber nicht? Hier ist 'ne Prise Übelkeit, da 'ne Runde Kopfschmerzen und wenn du's auf die harte Tour brauchst, kriegste 'nen roten Punkt in die Buchse, damit du endlich deine ollen Füße stillhältst."*

Es ist besser, wenn man gleich ehrlich zu sich selbst ist und erkennt, wer man wirklich ist, was man wirklich möchte. Am besten hinterfragt man dabei noch all seine so mühsam aufgestellten Erwartungen an sich selbst, an Gott und die Welt. Der Schwanzvergleich unter Frauen beginnt meines Erachtens nämlich ausgerechnet oft bei den beiden besonders individuellen Themen des Lebens, bei denen die meiste Unsicherheit herrscht und über die niemand reden oder bei denen niemand ehrlich zu sich selbst sein will: Schwangerschaft und Muttersein. Bei keinem anderen Thema gibt es so viel Klugscheißerei und fremde Menschen, die ganz plötzlich ihren Senf dazugeben wollen – und das, obwohl man sowieso schon viel zu schnell in den Strudel des Sich-bescheuert-Lesens reingerät.

Ich bin irgendwann an den Punkt gekommen, an dem ich der Suchmaschine die Freundschaft kündigte, nachdem ich zu oft in irgendwelchen Schwangerschafts-Foren gelandet bin, in denen sich die Schwangeren gegenseitig verrückt machten. Ob es nun um die Größe des Bauches ging, was ein Ziehen im Bauch bedeuten kann oder wie das Sexleben der werdenden Eltern aussieht. Schluss mit dem Lesen.

Ich schwankte zwischen Phasen der Entschlossenheit und Selbstsicherheit und Phasen, in denen ich ganz viel Bestätigung brauchte, in denen ich wieder glaubte, alten Erwartungen entsprechen zu müssen. Oder vielleicht wollte ich manchmal doch lieber die Bilderbuchschwangere sein, über die man in den zahlreichen Ratgebern und Büchern so spannende Geschichten liest.

Gerade zum Ende der Schwangerschaft brauchte ich so unglaublich viel Bestätigung, dass es mich selbst schon nervte. Je mehr ich mich nach Ruhe und Rückzug sehnte, umso mehr glaubte ich, doch noch eine andere Seite in mir hervorkitzeln zu müssen.

Ich bat Leon nicht selten um ein Gespräch, in dem ich ihn fragte, ob er mich denn überhaupt noch sexy und anziehend findet. Je weniger Sex wir hatten, desto mehr glaubte ich, es läge daran, dass mein Freund mich nicht mehr attraktiv fände. Dabei muss ich wohl völlig ausgeblendet haben, dass ich selbst doch gar nicht mehr so oft die Lust danach verspürte. Und so kam es zu Missverständnissen. Er fasste mich weniger an, weil er dachte, ich möchte es einfach nicht mehr so gerne. Und ich interpretierte sein Verhalten dahingehend, dass er mich nicht mehr gut findet. Dass ihn der Bauch vielleicht sogar stören würde.

Muss man als Schwangere überhaupt sexy sein? Die Antwort ist: Du musst gar nichts. Schon gar nicht musst du etwas sein, das du nicht fühlst. Du musst nicht sexy sein, nur weil du glaubst, es sein zu müssen. Wenn du dich aber danach fühlst, dann ist auch das richtig.

In mir lebten zwei verschiedene Frauen, nämlich die Schwangere und die Nichtschwangere. Die Schwangere ging voll in ihrem Element auf. Sie fühlte sich kraftvoll, schön und unschlagbar, schließlich ließ sie gerade neues Leben in sich heranwachsen. Eine krasse Superkraft, oder? Die Nichtschwangere hingegen, die musste ziemlich zurückstecken. Sie fand immer weniger Beachtung und vor allem weniger Bestätigung – natürlich insbesondere von sich selbst. Ich selbst schenkte ihr schon weniger Beachtung, indem ich gedanklich viel zu oft den Sternen des Schwangerschaftsuniversums dabei zusah, wie neue aufleuchteten und alte verschwanden. Themen zogen mich in ihren Bann und waren plötzlich doch nicht mehr interessant. Emotionen kamen und schlugen blitzschnell wieder um. Und wie soll ein Teil in mir Beachtung finden, wenn ich sie ihm kaum noch schenke? Ich dachte, dass auch Außenstehende nur noch die Schwangere in mir sahen – und obwohl ich mich selbst häufig nur als solche identifizierte, gefiel es mir nicht. Jedenfalls nicht immer. Aber fand ich es nicht schon immer toll, wenn mich jemand auf meinen Bauch ansprach? Kann das mal jemand verstehen?

Ich vermisste die Blicke meines Freundes, mit denen er mich quasi auszog – und das, obwohl die in seiner Version nicht weniger geworden waren. Ich vermisste auch die bestätigenden Blicke, ob beim Einkaufen oder Restaurantbesuch, wenn ich mich mal wieder richtig rausputzte. Ich meine diese kleinen Blicke, die man aus dem Augenwinkel sieht oder sich vielleicht sogar einbildet. Die Blicke, die einen fühlen lassen: *„Yep, yep, ich bin diese Sexy-ass-woman."* Diese Blicke, die man magisch anzieht, wenn man gerade Beyoncés *„Feeling Myself"* im Kopf rauf und runter trällert und am liebsten anfangen möchte, wild mit den Hüften zu wackeln. Oder die, die man magisch anzieht, wenn man sich ein neues Outfit geshoppt hat und dieses stolz zum ersten Mal ausführt. Wer weiß, vielleicht gab es diese Blicke auch nie. Vielleicht war es auch nur meine eigene Ausstrahlung, von der ich in solchen Momenten selbst baff war. Ich vermisste diese Blicke, weil ich mich selbst als Frau, als Jana, nicht mehr sehen konnte. Das Gefühl, begehrlich zu sein, konnte ich mir nicht selbst geben. Und so konnte ich selbst auch gar nicht mehr wahrnehmen, welche Außenwirkung ich hatte, wobei ich aus den Augen verlor, wie unwichtig das eigentlich ist.

Ich dachte also, schwanger zu sein würde mich sexier machen – und das, obwohl ich mich eher so fühlte, als hätte sich mein Sexiness-Level den Blümchenkleidern mit den Schleifchen angepasst.

Janas Ehemann Leon erinnert sich:

Hach ja, Jana und ihre Selbstzweifel, bzw. ihre häufigen Stimmungsschwankungen. Wie oft sie mich fragte, ob ich sie denn noch wirklich schön finden würde – also wirklich, wirklich schön. *„So schön wie vorher? Ganz ehrlich? Auch sexy? Oder stört dich der Bauch?"*
Das ging so weit, dass ich manchmal nur lachen musste, sobald sie mit der Frage mal wieder ankam. Für mich hatte sich nichts geändert. Der Bauch störte mich kein bisschen, ich fand es sogar wirklich schön und freute mich, den auch nackig zu sehen. Und um ganz ehrlich zu sein, ist ja nicht nur der Bauch gewachsen, sondern auch die Brüste – und na ja, ich sag mal so, die konnten sich auch wirklich sehen lassen. Nur, selbst das war Jana dann manchmal ein Dorn im Auge, wurde falsch aufgenommen und ich wurde direkt beschossen: *„Haben sie dir vorher nicht gefallen? Hauptsache, du magst die auch noch, wenn ich abgestillt habe..."*
Fingerspitzengefühl war gefragt, was mir manchmal ehrlich schwerfiel, da ich ein Typ bin, der einfach raushaut, was er denkt, ohne großartig über seine Wortwahl nachzudenken. Das war dann in manchen Situationen mit meiner schwangeren Freundin etwas problematisch, kann man sagen. Allerdings hatte ich eine gute Lösung gefunden, um Stress zu vermeiden: Ich lobte sie einfach in den Himmel und sagte ihr, wie schön sie aussieht. Das macht jede Schwangere und überhaupt jeden Menschen glücklich, auch wenn dann manchmal wieder nur ein *„Ja, ja, das sagst du jetzt nur so"* zurückkam. Einfach immer weiter loben und ihr ein gutes Gefühl geben, dachte ich mir.

Ich merkte immer wieder, was für einen Druck Jana sich selbst machte. Sie war in einem Zwiespalt. Auf der einen Seite war die schwangere Jana, die ihren wachsenden Bauch liebte und die Schwangerschaft genoss. Auf der anderen Seite war sie unglücklich, weil sie fast nichts mehr anziehen konnte, keine passende Schwangerschaftsmode für sich fand und sich nicht wohlfühlte in ihren Klamotten. Aus meiner Sicht sah Jana immer super aus, auch wenn sie häufig Leggings trug, aber die mag ich sowieso sehr an ihr. Für mich war sie wunderschön, nur leider konnte ich sie davon nicht immer überzeugen, weil die eine Seite in Janas Kopf nicht glücklich war.

Zum Ende der Schwangerschaft wurde es dann auch für mich langsam ermüdend und schon fast nervig, wie häufig Jana über ihr Äußeres meckerte, vor allem, weil es niemand so sah wie sie. Alle fanden sie schön, liebten ihren wunderschönen, großen Bauch und an der Kleidung konnte man auch nichts aussetzen. Wenn man dann gefühlt jeden Tag immer wieder hörte, wie sie sich von den Gedanken runterziehen ließ und es selbst einfach nicht verstand, war es schwierig, immer wieder aufbauende Worte zu finden. Zum Ende der Schwangerschaft kam dann auch noch dazu, dass es zunehmend anstrengender für sie wurde. Sie war nur noch müde. Sie konnte es kaum abwarten, das Baby endlich zur Welt zu bringen, was natürlich auch absolut verständlich war. Als Mann fühlte ich mich schon fast nutzlos, weil meine Frau die ganze Last des Babys und die Umstände der Schwangerschaft trug. Ich fühlte mich manchmal schon fast schlecht, weil ich ihr das angetan hatte. Für mich veränderte sich schließlich nichts: Ich hatte keine Schmerzen, keine Probleme, keine Veränderungen an meinem Körper. Sie hingegen schon. Deshalb ist es umso wichtiger, dass man seine Frau in allen Dingen unterstützt, auch wenn es manchmal nur Liebe und aufbauende Worte sind oder man ihr einfach zuhört.

Du darfst, du kannst,
du musst nicht.

Dance it out!

———

Egal ob es dir gerade nicht gut geht oder du vor Lebensfreude strotzt: Tanzen macht alles besser! Ich liebe es, mit meiner gesamten Familie zu tanzen! Es lockert unsere Körper und lässt uns für einen kurzen Moment alles vergessen. Die Musik ist bei uns bunt gemischt. Von Techno bis zum Comeback der klassischen Kinderlieder. Wie sieht deine Musikmischung aus? Schreib sie hier auf und hab ganz viel Spaß beim Tanzen!

Deine Lieblingssongs:

_____

_____

_____

_____

_____

_____

_____

_____

_____

_____

Wenn sich der Körper verändert

―――――

Im Laufe unseres Lebens verändert sich unser Körper.
Wir wachsen auf, kommen in die Pubertät, erleben vielleicht
Zu- und Abnahmen, Schicksalsschläge oder Krankheit.

Ich habe mich viele Jahre sehr intensiv mit meinem Körper ausein-
andergesetzt. Es gab Phasen, in denen ich mich nicht so annehmen
konnte, wie ich war, vor allem während meiner Pubertät und
Schwangerschaft. Ich habe ihn nicht als das betrachtet, was er ist:
eine wundervolle, starke Hülle, die mich bis ans Ende meines
wertvollen Lebens trägt, mich tanzen lässt – mir einfach so viele
Dinge ermöglicht, für die ich unendlich dankbar bin.

Was bedeutet „schön" für dich?

―――――――――――――――――――――――――――――――――――――

―――――――――――――――――――――――――――――――――――――

―――――――――――――――――――――――――――――――――――――

―――――――――――――――――――――――――――――――――――――

―――――――――――――――――――――――――――――――――――――

―――――――――――――――――――――――――――――――――――――

Woher kommt deine Vorstellung vom Schönheitsideal?

_____

_____

_____

Das letzte Mal hat sich mein Körper verändert, weil …

_____

_____

_____

So habe ich mich durch die Veränderung gefühlt:

_____

_____

_____

Erwartungen

Aus Angst vor Ablehnung, Kritik oder davor, nicht geliebt zu werden, verfallen viele Menschen in den Modus, den Erwartungen von anderen gerecht werden zu wollen. Und auch wir haben hohe Anforderungen an uns selbst. Die Gesellschaft, unsere Erziehung und Prägungen, die Medien und Social Media spielen dabei eine große Rolle. Sie scheinen uns ganz genau zu zeigen, was wir erstreben und tun sollten. Doch was, wenn diese Erwartungen gar nicht unseren eigenen entsprechen? Es erfordert Selbstreflexion und eine Portion Mut, unser Leben so zu führen, wie wir es aus unserem tiefsten Inneren eigentlich tun möchten.

Wenn du die Erwartungen anderer erfüllst, wird dir das kein glücklicheres Leben verschaffen. Es geht im Leben nicht darum, die Träume anderer zu leben, sondern deinen ganz eigenen. Du hast nichts zu verlieren. Finde den Weg zu dir selbst. Du hast es in der Hand!

Das erwarten andere von mir:

_____

_____

_____

_____

Das sind meine Erwartungen an mich selbst:

_____

_____

_____

_____

Diese Erwartungen möchte ich gar nicht erfüllen:

_____

_____

_____

_____

Das letzte Mal, dass ich die Erwartungen anderer gebrochen
und für mich eingestanden bin, war, als …

_____

_____

_____

_____

KAPITEL 4

———

Die Höhen und Tiefen

(M)EINER REISE

Liebes Tagebuch,

langsam, aber sicher brechen die letzten Monate und Wochen dieser aufregenden Reise an. Ich merke, wie sehr mich die Schwangerschaft verändert. Körperlich, natürlich, aber ganz besonders auch mental. Ich merke es im Umgang mit Freund*innen, in meiner Wahrnehmung, in meinen Prioritäten, in meinem Verhalten und in meinen Gedanken, die sich um völlig andere Themen drehen als noch vor wenigen Monaten. Ich bin gewachsen und gereift, fühle mich angekommen. Angekommen in einem neuen Abschnitt, der wohl nur kurz anhalten wird, bevor sich mein Leben erneut verändert. Angekommen in dieser Phase des Wachstums, auf dem Weg von einer Frau zu einer Mutter.

Ich war nicht mehr wie vorher. Na ja, nicht ganz jedenfalls. Natürlich waren meine grundlegenden Charakterzüge die gleichen. Im Kern war ich die Gleiche, aber ich war gereift – förmlich über Nacht. Ich war ruhiger geworden, gelassener und entspannter. Dinge, die mir vorher wichtig gewesen waren, rückten jetzt in den Hintergrund. Ich hatte keine Lust mehr, großartig auszugehen. Abgesehen davon, dass es für mich zunehmend anstrengender wurde, war ich in meiner kleinen Bubble viel zu sehr damit beschäftigt, einfach zu sein. Schwanger zu sein. In mich zu kehren, das Nest für unser Baby zu bauen. Schubladen auszumisten, Babykleidung zu waschen, im halb fertigen Babyzimmer zu sitzen und mir vorzustellen, wie ich unsere Kleine in dem Schaukelstuhl stillen werde.

Gleichzeitig war ich noch gar nicht in meiner neuen Rolle angekommen, jedenfalls in der neuen Rolle, die noch auf mich warten würde. Wie auch? Schließlich ist das Baby noch gar nicht da. Es fühlte sich an, wie eine ganz besondere Zwischenphase.

Ein Abschied von dem Alten und eine Vorbereitung auf das Neue. Ein Abschied und ein Neuanfang, genau das war es. In der Schwangerschaft wächst ein Leben in dir heran, während auch du wächst. Du entwickelst dich, veränderst dich.

Was stellen diese Hormone eigentlich mit mir an? Diese ganze Reise glich einem absoluten Naturspektakel. Es schien, als hätte jemand in mir drin einmal kurz eine andere Platte auf den Spieler gelegt.

Manchmal, da fühlte ich mich, als hätte man mir jegliche Schutzkleidung abgenommen. Als würden alle Emotionen, Worte, Stimmungen und Energien direkt an mich herankommen. Ungebremst, hemmungslos und in einer Intensität, die ich so vorher nicht gekannt hatte. Einfach so prasselten sie auf mich ein. Emotional fühlte ich mich nackt. Als könnte jeder gleich auf mein Innerstes schauen, das ich gerade dann so sehr beschützen wollte. Splitterfasernackt – und jeder kann es sehen, dachte ich. Meine eigene kleine Welt, meine Gedanken, meine eigene Veränderung. Noch nie war ich so angreifbar, noch nie so verletzlich und gleichzeitig so stark gewesen.

Schwanger sein kann ganz schön anstrengend sein. Mein Körper arbeitete permanent auf Hochtouren, während meine emotionale Welt auf den Kopf gestellt wurde.
Besonders anstrengend wurde es dann, als ich versuchte, die gleiche Leistung, die gleiche Aktivität und das gleiche Energielevel zu halten wie vor der Schwangerschaft. Manche Frauen haben mehr Energie, andere seit Beginn der Schwangerschaft gar keine – und beides ist völlig in Ordnung. Der gesellschaftliche Druck auf Frauen ist enorm. So viele Rollen sollen sie gleichzeitig erfüllen – und schlüpfen sie in eine neue Rolle, so sollen sie diese bitte von Anfang

an perfekt beherrschen. Viel zu schnell hörte ich: „*Da musst du nun mal durch*", „*Stell dich nicht so an*", „*Du bist ja nur schwanger*". Lustigerweise kam das am häufigsten von anderen Frauen – das war zumindest meine persönliche Erfahrung. Schwanger sein bedeutet nicht umsonst, „in besonderen Umständen" zu sein. Es ist eine neue Zeit, eine besondere Phase und nichts ist so, wie es vorher war. Aber hey, Frauen sind ja nur schwanger und nicht krank! Ja, das stimmt, zum Glück. Wäre ja ganz schön doof, wenn Frauen 9 Monate krank sein müssten, um ein Baby zur Welt zu bringen. Aber dennoch ist es anders, manchmal wunderschön, manchmal unfassbar anstrengend und manchmal auch einfach ... kacke. Ja, vielleicht war ich körperlich schwach, bestimmt nicht mehr so belastbar. Schwangerschaft passt nicht in das Schema „entweder gesund oder krank". Denn, obwohl wir Frauen bestenfalls nicht krank sind, sollen wir uns doch monatlich untersuchen lassen, sollen bestimmte Vitamine einnehmen und gewisse Dinge nicht mehr tun. Schnell geraten wir in eine Sonderposition, in der wir von den einen nicht mehr ernst genommen werden, uns vor den anderen aber gefühlt rechtfertigen müssen, wenn wir es mal langsamer angehen lassen.

Mein schwangerer Körper fühlte sich aber anders an als mein gesunder, nichtschwangerer Körper. Er machte mich müde, brachte zu Beginn enorme Übelkeit mit sich und erschwerte mir im Laufe der Zeit die alltäglichsten Dinge. Er meldete sich hier und da mit dem ein oder anderen Wehwehchen und sorgte dafür, dass ich mich ausruhte, wenn es dringend war.

Ich war schließlich nicht mehr nur ich, sondern hatte auch noch ein schwangeres Ich, das ich selbst neu kennenlernen musste. Und ich trug ein kleines Wesen mit eigenem Charakter unter meiner Brust. Ich war der Kokon für das kleine Wunder, das sich unter meinem Schutz vertrauensvoll und sicher entwickeln durfte. Denn

auch für das Baby ist es ja eine echte Metamorphose. Vom Zell-
haufen mit allen Informationen für den späteren fertigen Körper
zum voll ausgereiften kleinen Menschlein. Das ist doch irgendwie
Magie. Ein Wunder eben.

Zu verstehen, dass ich als Schwangere nicht so tun musste, als wäre
ich eine gesunde, erwachsene Frau, die keinerlei Veränderung in
sich bemerkt und nur beiläufig schwanger ist, brauchte etwas Zeit.
Zu sehr wollte ich doch beweisen, dass ich nicht schwach war, denn
das schienen ja viele Menschen damit zu assoziieren, wenn jemand
einen oder zwei Gänge runterschaltet und dem dringenden Bedürfnis nach Rückzug nachgibt. Ich wollte zeigen, dass ich noch alles schaffte, alles konnte – obwohl mir gar nicht danach war. Ich
fragte mich, wie andere es denn hinbekommen, ihrem Beruf bis
zum Mutterschutz normal nachzugehen, während ich immer und
immer zu kämpfen hatte. Zu sehr hatte sich das Bild der arbeitenden, glücklichen schwangeren Frau, die alles mit Leichtigkeit auf
die Kette kriegt, in mir verankert. Also versuchte ich, Projekte umzusetzen – viele Projekte, zu viele Projekte.

Ich meine, wir tun uns als Gesellschaft heute ohnehin schon
schwer genug damit, über unsere negativen Gefühle zu sprechen.
Also, so ganz offen und ehrlich, ohne im gleichen Atemzug darüber nachzudenken, was unser Gegenüber wiederum darüber denken könnte. Ohne uns schon während des Gedankens daran selbst
zu verurteilen. Da wird lieber ordentlich auf die Kacke gehauen
und so getan, als ob immer alles prima ist. Schön den Schein aufrechterhalten und lieber auf die Welle der scheinbaren Perfektion
aufspringen, bloß nicht nach hinten schauen, sonst könnte ich ja
noch denken, ich wäre nicht so gut wie alle anderen. Wer kennt
nicht sein Schönwettergesicht, hinter dem wir uns verstecken,

obwohl es uns gerade nicht so toll geht. Im Zweifel schminken wir uns einfach eins. Und ich glaube, wir Frauen machen es uns besonders schwer. Wie heißt es so schön? Da hab ich als Frau meinen Mann gestanden. Klar, und wer nicht funktioniert, wird aussortiert und/oder kommt in eine Schublade, die mit dicken Labels versehen ist: nicht belastungsfähig, Jammerlappen, Heulsuse. Oder wir sind die Frau, die „bestimmt bald wieder ihre Tage bekommt". Hier sind der Kreativität bei den Verurteilungen offensichtlich keine Grenzen gesetzt, besonders bei denen, mit denen wir uns selbst maßregeln. Im Kleinhalten – uns selbst und andere – sind wir doch alle geübt. Was ist da schon so eine Schwangerschaft? Ärmel hochkrempeln und die Arschbacken zusammenkneifen, dann klappt es mit dem Bild der immer gut gelaunten, glücklichen und erfolgreich werdenden Mutter. Einfach zusammenreißen und weitermachen. So wie alle anderen auch.

Ich hatte mich ziemlich überschätzt. Hatte meine eigenen Bedürfnisse nicht beachtet und mich somit selbst verraten. So war es mein Körper, der mir immer wieder meine Grenzen aufzeigte, bis mir schlussendlich meine Hebamme in der 32. Schwangerschaftswoche bei vorzeitigen Wehen sagte, dass es an mir läge, ob das Kind früher auf die Welt kommt oder nicht. Das saß!

Nun gut, als Selbstständige hast du nicht die Möglichkeit, dich krankschreiben zu lassen. Wenn du dann so ein kleines bisschen mit der Ich-muss-das-rocken-Nummer übertreibst, kannst du auch schon mal den Moment verpassen, in dem es angebracht gewesen wäre, sich zurückzunehmen. Es war, als würde in meinem Kopf ein kleines Wesen sitzen und mich permanent zu Höchstleistungen anfeuern. Spurte ich nicht, dann war das Wesen schnell dabei, mich derbe zu verurteilen und zu beschimpfen. Selbstzweifel, innerer Druck und ein absolut verfälschter Blick auf mich selbst – das alles musste ich selbst erst erkennen. Gar nicht so einfach, wenn man in diesem Tunnel gefangen ist und vergisst, auch mal nach links und rechts zu schauen. Huch, bin ich wieder flott unterwegs – doch ehe ich mich dann versehen konnte, schaltete sich auch schon mein Körper mit einem kleinen, aber deutlichen Alarmsignal ein.

Mit dem Mutterschutz verhält es sich im Übrigen genauso. Den gibt es so nicht für Selbstständige. Also musste ich auch das eigenverantwortlich hinkriegen und hatte noch ein wenig Nachhilfe nötig. Ich kann dir gar nicht beschreiben, wie schwer es mir gefallen ist, und auch heute, 2 Jahre nach der Geburt unserer Tochter, bin ich wieder viel zu oft in diesem Modus der Superwoman, die das schon rockt. Wer braucht schon Schlaf, Erholung, stille Momente? Es scheint doch so, als würden auch alle anderen alles unter einen Hut bekommen. Ich verrate dir etwas: Wir alle brauchen das und sollten uns das auch viel öfter erlauben.

Es war Winter. Draußen war es dunkel, kalt, stürmisch und ich wollte mich am liebsten verkriechen. Vor dieser turbulenten Welt da draußen, die sich für mein Empfinden ein wenig zu schnell drehte.

In mir drin veränderte sich bereits so viel, dass ich definitiv nicht noch mehr Abwechslung brauchte. Ich brauchte keine spannenden Reisen, brauchte keine Gespräche mit neuen interessanten Menschen – außer sie passten thematisch in mein Schwangerschaftsuniversum hinein. Ich brauchte nicht mehr so viel Action, keine spontanen Aktionen und vor allem keine weiteren Ratschläge rund um die Themen Schwangerschaft und Geburt, die permanent und teilweise von wildfremden Menschen abgegeben wurden. Als wüsste jeder, wie es läuft, wo doch Schwangerschaft und Geburt das einzigartigste und individuellste Ereignis überhaupt sind. Ich brauchte keine Beurteilung von anderen über die Art und Weise, wie ich damit umging oder mich auf die Geburt vorbereitete. Ich las so viel und bat zu dem passenden Thema die Menschen um Rat, deren Meinung mir wichtig war. Ja, auch meine Mama und ich sind hier oft aneinandergeraten. Es war sicher ein Prozess des Loslassens für beide Seiten: für meine Mutter, die ihrer Tochter dabei zusah, wie diese selbst Mutter wurde, und mich, die sich durch all diese neuen Entscheidungen abgrenzte. Auch von ihr wollte ich nicht zu jeder meiner Erzählungen oder Entscheidungen den Senf dazu bekommen, auch wenn sie es ganz sicher nur gut gemeint hat.

Ich malte sie mir also aus, die Geburt. Immer und immer wieder. Abends, wenn ich in der Wanne saß, stellte ich mir vor, wie ich mein Baby sanft im warmen Wasser zur Welt bringen würde. Ich hatte eine Vorstellung, einen Wunsch und war mir dennoch bewusst, dass auch mein Baby selbst ihre hatte. Die Geburt ist schließlich ein Zusammenspiel aus Natur, Mutter und Baby und manchmal kann es eben auch anders kommen, als man es sich vorstellt. Ich dachte mir, wenn ich mich nicht auf ein bestimmtes Bild von Geburt versteifte, sondern mich eher darin übte, meinem Körper und meinem Baby zu vertrauen, würde es schon so laufen, wie es für uns bestimmt wäre.

Ich informierte mich schon zu einem recht frühen Zeitpunkt in der Schwangerschaft über die Geburt. Ich konnte mir einfach nicht vorstellen, dass ein so natürlicher Vorgang, welcher nun mal zwangsläufig zur Aufrechterhaltung der Menschheit notwendig ist, so furchtbar sein muss, wie ich es bislang aus den Erzählungen anderer kannte. Ich konnte mir nicht vorstellen, dass es nur diese eine Sicht auf Geburt geben sollte – und so stellte ich mir vor, dass eine Geburt doch auch ganz selbstbestimmt funktionieren müsste, ohne Fremdeinwirkung, ohne Menschen um mich herum, die mir sagen, wann ich welche Bewegung machen soll und wann ich pressen soll – wenngleich ich mir auch hier darüber im Klaren war, dass auch bei einem natürlichen Vorgang etwas Unvorhergesehenes passieren kann.

Also las ich und las ich. Ich schaute mir Statistiken an, hörte Podcasts und fand immer und immer mehr Bestätigung. Ich lernte, dass der Geburtsort einen Einfluss auf den Verlauf der Geburt haben kann und dass der Großteil aller Geburten ein sehr schönes Ende nimmt. Also entschied ich mich für das Geburtshaus und ließ mich dort über die ganze Schwangerschaft hinweg durch die fantastischen Hebammen betreuen.
Das Geburtshaus ist eine außerklinische, von Hebammen geleitete Einrichtung, in der Frauen ihre Kinder in einer ganz häuslichen Atmosphäre zur Welt bringen können. Das Geburtshaus verfolgt einen sehr natürlichen Ansatz von Geburt. Weil keine ärztliche Betreuung vor Ort ist, ist es nicht möglich, dort besondere Schmerztherapien in Anspruch zu nehmen. Wenn das unter der Geburt doch noch gewünscht wird, können Gebärende ins Krankenhaus verlegt werden, bei Notfällen natürlich auch. Das Geburtshaus, das ich mir ausgesucht hatte, ist eine alte, urige Villa mit knarrenden Holzböden und zwei wunderschön eingerichteten Geburtsräumen. Während der Geburt sollte ich dort von ein bis zwei Hebammen betreut werden, die ich schon durch die regelmäßigen Vorsorgetermine kennenlernen konnte. Dort gibt es keinen stationären Aufenthalt, eher fahren Frauen einige Stunden nach der Geburt in ihr eigenes Zuhause, sofern sie fit sind. Darüber klären die Hebammen im Verlauf der Schwangerschaft mehrmals auf.
Für mich war es die perfekte Alternative zum Krankenhaus.
Auch die Vorstellung, direkt in mein heimeliges Zuhause, meine

gewohnte Umgebung zu kommen und dort Ruhe zu finden, fernab von einem Klinikalltag, hatte für mich nur Vorzüge.

Die Wahl des Geburtsortes ist manchmal gar nicht so leicht und hängt natürlich auch damit zusammen, wie die bisherige Schwangerschaft verlief. Dabei sollten sich Frauen vor allem für den Ort entscheiden, an dem sie sich am geborgensten und sichersten fühlen. Für die eine ist es eben das Krankenhaus, wo Ärzt*innen in greifbarer Nähe sind, und für die andere ist es ein Ort, der das Gefühl von Zuhause vermittelt – vielleicht ja sogar tatsächlich das eigene Zuhause.

Die letzten langen Wochen zogen sich inzwischen wie Kaugummi. Obwohl ich meinem Baby immer wieder zusprach, dass es alle Zeit der Welt hatte und es sich ruhig noch bequem machen sollte, konnte es für mich schon losgehen. In einer der zahlreichen Apps las ich, dass man die letzten Wochen nutzen könnte, um genügend Schlaf für die bevorstehende Zeit zu tanken – wobei ich mich heute noch frage, wie das gehen soll. Nachts hievte ich meinen Bauch, der sich wie mit Backsteinen beladen anfühlte, ständig von der einen auf die andere Seite, weil die eine Seite nun erst mal platt gelegen war. Und vergessen wir nicht die Blase, die nachts manchmal halbstündlich geleert werden wollte. Ich dachte, mich könne nach der Geburt alles umhauen, aber kein zu kurz gekommener Schlaf, an den war ich nun ja schon definitiv gewöhnt. Ich war zwischenzeitlich so unendlich müde, dass ich meine Mutter wirklich fragte, ob man in einem solchen Zustand überhaupt ein Kind auf die Welt bringen kann. Und was soll ich sagen? Es funktioniert. Das ist Teil der Magie, denn ich hatte auf einmal Kräfte, von denen ich nicht einmal im Entferntesten geahnt hatte. Jetzt verstehe ich die Geschichten über Mütter oder Väter, die nur mit ihrer eigenen Muskelkraft ein Auto hochheben können, wenn ihr Kind in Gefahr ist.

Ich war voller Freude, ja schon fast aufgeregt und tierisch wild darauf, mein Baby auf die Welt zu bringen. Immer wieder spürte ich stärkere Übungswehen, die sich in unserer letzten Vorsorgeuntersuchung im Geburtshaus auch im CTG, dem Wehenschreiber, bestätigten. *„Wenn ihr die Geburt etwas vorantreiben möchtet"*, sagte meine Hebamme, *„dann solltet ihr es mit Sex probieren. Das ist das Einzige, was wirklich etwas bringt, sofern das Baby bereit ist, sich auf den Weg zu machen."* Gesagt, getan. Voller Vorfreude fuhren wir nach Hause, machten vor Aufregung kleine Luftsprünge, als wir vor der Haustür standen, und, nun, dann trieben wir die Geburt voran.

Gerade, als ich plötzlich den Drang hatte, die bereits aussortierten Schubladen und Schränke im ganzen Haus erneut auf den Prüfstand zu stellen, von vorne bis hinten auszuputzen und unnötigen Ballast wegzutun, machte sich am Samstagabend, einen Tag nach unserer letzten Vorsorge, ein kleines Zeichen bemerkbar: ein kleiner, ganz zart rosafarbener Strich in meiner Slipeinlage. Gleich am nächsten Morgen kam es dann auch, dieses Gefühl, auf das ich mich so sehr gefreut hatte: Ja, es geht wirklich los.

Wir kommen nun zu der Stelle, wo ich über meine Geburt berichten werde. Solltest du dich nicht mit einem Geburtsbericht auseinandersetzen wollen, kannst du einfach zum nächsten Kapitel springen.

Die Geburt ist der kraftvollste, der außergewöhnlichste, verrückteste und gleichzeitig natürlichste Vorgang, den ich je am eigenen Körper erfahren durfte. Meine Güte – und wie kraftvoll! Sie ist magisch und, heilige Scheiße, sie ist absolut krass! Krass in jeglicher Hinsicht. Sie ist anstrengend, sie zerreißt, sie schenkt Leben und ist ein erster Loslassprozess von so vielen, die noch folgen werden. Geburt ist so viel mehr, als man sich je ausmalen kann. So viel intensiver, so viel kräftiger und mit Sicherheit etwas, das man erst ansatzweise begreifen kann, wenn man sie selbst am eigenen Leibe erfahren hat. Es ist wie ein Urknall in dir drin. Da sind Kräfte in deinem Körper, die dein Baby Schritt für Schritt nach draußen begleiten. Kräfte, die du niemals für möglich gehalten hast. 9 Monate trug ich meine Kleine in mir – gut geschützt in meinem Körper. Und dann kommt der Moment, in dem ich sie in die Welt bringe. Sie gebäre. Sie das erste Mal loslassen muss.

Die Anfangszeit zog sich gefühlt ins Unendliche. Nach der großen Frustration, dass mein Muttermund trotz starker und regelmäßiger Wehen erst 1 Zentimeter geöffnet war, begann eine lange, lange … Wartezeit. Für mich waren es nicht die Wehen, die die Geburt so herausfordernd machten, sondern das Zittern meines Körpers. Es machte es mir kaum möglich, einen Fuß vor den anderen zu setzen. Ganz ehrlich? Es war anstrengend, es war scheiße anstrengend. Eine ganze Nacht ohne Schlaf, ohne Essen und Trinken, weil es mir schlichtweg nicht möglich war, irgendetwas runterzubekommen. Es erforderte so viel Geduld, so viel Hingabe und verdammt, so viel Kraft.

Als 14 Stunden später der Muttermund endlich vollständig eröffnet war, fielen mir Backsteine vom Herzen. Ja, jetzt war es nicht mehr weit. Unter den Presswehen habe ich mich gefühlt wie Superwoman. Ich merkte endlich, dass tatsächlich etwas in meinem Körper passierte, das das Baby und mich näher an unser Ziel brachte. Ihr Köpfchen rutschte mit jeder Wehe immer tiefer, bis ich es selbst mit meinen Fingerspitzen fühlen konnte. Ich war so unendlich froh, aktiv zu der Geburt beitragen zu können. Endlich musste ich all meine Kraft nicht mehr zur Kompensation hinausschreien, sondern nutzte sie, um mein Kind in diese Welt hinauszuschieben. Mir war plötzlich nach Witzen zumute und ich war so unglaublich energetisiert – auch wenn man es mir sicher nicht angesehen hat.

Meine Hebamme brachte es auf den Punkt: *„Es fühlt sich an, als würde man einen Kürbis kacken, oder?"* Ja, das tat es in der Tat, doch mit einer Wehe, einem Pressen später, war sie dann da. Und unsere Welt blieb stehen.

Ich kann dir das Gefühl, das mich überrollte, gar nicht beschreiben. Eine Explosion und doch so viel Stille in mir. Pure Erleichterung – und was für eine Erleichterung! Pure Freude, pures Glück in einer vorher noch nie erfahrenen Form. Die absolute Fülle im Nichts. Da ist sie. Ich spüre sie zum ersten Mal außerhalb des Mutterleibs. Ich kann sie fühlen, kann sie riechen, ihre zarte Stimme und ihr leises Atmen hören, sie anschauen. Leon kam zu uns. Während des letzten Teils der Geburt hatte er mir gegenübergesessen, am anderen Ende der Wanne. Wir lachten, wir weinten und konnten es kaum fassen – es war geschafft. Willkommen, mein kleines Mädchen.

Na ja, fast war es geschafft. Während Leon sich schon in das nebenstehende Bett legte, kreisten meine Gedanken kurz um das, was mir noch bevorstand. Der Abschluss der Geburt. Die Plazenta, die mein Baby über all die Zeit versorgt hatte, muss noch geboren werden. Der letzte körperliche Prozess des Loslassens der Schwangerschaft. Einmal pressen und schon war sie da – ganz schmerzfrei. Um ehrlich zu sein, habe ich sie kaum gespürt. Mit diesem letzten Akt, diesem allerletzten Teil der Geburt, fühlte ich mich schlagartig befreit. Ich war so stolz, so kraftvoll und ja – so energetisiert, fühlte mich, als könne ich auf der Stelle mindestens 20 Bäume ausreißen. Schlagartig wurde auch ich geboren, hinein in eine so wunderschöne, fantastische Bubble. Aus der Wanne aufstehen und zu dem Bett laufen, in dem Leon und Emilia auf mich warteten? Kein Problem … oder doch, stellte ich fest, während ich lauthals in Lachen ausbrach. Ich fühlte mich so dermaßen kraftvoll, merkte dabei jedoch gar nicht, dass mich all meine Kraft aus den Beinen schon längst verlassen hatte. Die Hebammen halfen mir, mich aufzurichten, und stützten mich so, dass auch ich es hinüberschaffte. Ich stelle mir dieses Bild so lustig, wunderschön und gleichzeitig total widersprüchlich vor. Ich war so voller Freude, dass meine Mundwinkel beinahe meine Ohren berührten – gleichzeitig war mein ganzer Körper so gezeichnet von den vergangenen Stunden, dass ich ausgesehen haben muss, als hätte jegliche Farbe mein Gesicht verlassen. Oh, und nicht zu vergessen sind meine ständigen, sicher unfassbar unlustigen Witze, da ich scheinbar mit der vollständigen Öffnung des Muttermundes irgendwie einen Clown in mir aufgenommen hatte.

Nachdem die ganze Nacht über ein furchtbar starker Sturm geherrscht hatte, schien plötzlich die Sonne durch das alte, wunderschöne Sprossenfenster des Geburtshauses. Es war ein magischer Moment: Das erste Mal lagen wir als Familie gemeinsam in einem Bett und nun wurden wir so warm von dieser vollen Sonne angestrahlt. Gemeinsam musterten wir unser Baby, inspizieren sie von oben bis unten, während sie sich den Weg zu meiner Brust bahnte. Ich empfand Glück, ja, ich war satt vor Glück und gleichzeitig so leer. Im wahrsten Sinne des Wortes. Ich fühle mich, als wäre ich in einen Raum der absoluten Glückseligkeit und Fülle hineingeboren, in einen Raum, ausgefüllt von Stille. Voller Magie.

Janas Ehemann Leon erinnert sich:

Ich spürte ihre Tritte von außen, doch fiel es mir schwer, zu begreifen, was dort wirklich in Janas Bauch passierte. Durch die

Schwangerschafts-App, die Jana benutzte, bei der man wirklich viele interessante und schöne Dinge über das Baby erfährt, konnte ich der Schwangerschaft ein bisschen näher sein und sie besser verstehen. Auch Jana hat mich immer wieder einbezogen und mir Dinge zum Thema Baby vorgelesen oder mich sofort gerufen, sobald das Baby aktiv war, sodass ich ihren Bauch fühlen konnte.

Generell waren die Schwangerschaft und das Thema Kind aber etwas völlig Fremdes und vor allem Neues für mich. Ich hatte niemanden in meinem Freundes- und Familienkreis, der gerade ein Baby bekommen hat oder ein Baby erwartete. Besonders am Anfang war es für mich etwas schwieriger, über das Thema zu sprechen, weil ich niemanden hatte, außer natürlich Jana oder meine Mutter. Selbstverständlich habe ich mich gefreut, war total aufgeregt und habe mich immer wieder gefragt, wie das Leben mit Kind wohl sein wird, was sich ändern wird, wie das Baby wohl aussehen könnte oder welches Geschlecht es haben wird. Allerdings habe ich das nicht so richtig ausgesprochen, auch nicht Jana gegenüber, was unbeabsichtigt sogar zu einem Missverständnis zwischen ihr und mir führte. Jana hatte das Gefühl, dass ich nicht an der Schwangerschaft interessiert wäre und mich nicht freuen würde. Ich bin zwar ein sehr extrovertierter Mensch, wenn ich allerdings über wichtige Themen nachdenke, behalte ich es häufig für mich.

Am 9. Februar 2020 war es dann so weit. Am späten Nachmittag sagte Jana, dass sie vermehrt Wehen spüren würde und in die Badewanne gehen möchte, um zu schauen, wie sich die Wehen weiterentwickeln – für mich begann die wohl aufregendste Zeit. Ich hatte das Gefühl, dass ich sogar aufgeregter war als

Jana. Als sie in die Wanne ging, fing ich sofort an die Zeit und den Abstand zwischen den Wehen zu stoppen, um zu sehen, ob diese wirklich regelmäßig kommen und gehen. So vergingen die Minuten. Die Abstände waren tatsächlich regelmäßig und die Zeit zwischen den Wehen wurde immer geringer. Schließlich riefen wir das Geburtshaus an und fuhren los.

Rückblickend war diese Zeit für mich eine so wichtige und besondere, weil ich hier meine Aufgabe gesehen habe – meine schwangere Freundin so gut wie möglich zu betreuen, mich um sie zu kümmern und sicher zum Geburtshaus zu fahren. Während der Schwangerschaft hatte ich mich manchmal so gefühlt, als könnte ich nichts tun, weil ich nun mal nicht derjenige war, der schwanger war. Wenn Jana Probleme hatte, sie platt und kaputt war, es ihr nicht gut ging, hatte ich auch manchmal ein ungutes Gefühl. Klar, ich konnte ihr etwas Gutes tun, indem ich kochte, sie massierte, bei ihr war, allerdings saß ich dann auch manchmal nur daneben und musste mitansehen, wie sie litt. Während der Geburt war es ähnlich.

Ich war die ganze Zeit an Janas Seite, war durchgehend für sie da, aber sie schreien zu hören, zu sehen, was für Schmerzen sie hatte und nichts tun zu können, außer ihre Hand zu halten, war ebenfalls hart. Aber genau deshalb, weil man als Mann das Kind eben nicht austragen kann, nahm ich andere Rollen sehr ernst, Rollen in denen ich meine Vaterrolle bereits ausleben konnte. Vielleicht war ich auch gerade deswegen in der Situation so aufgeregt und nervös.

Ein paar Wochen vor der Geburt erzählte ich Freunden, dass ich hoffe, dass die Geburt nicht in der Nacht stattfindet. Ich bin überhaupt kein Nachtmensch. Aber wie sollte es anders kommen – natürlich dauerte die Geburt von 21 Uhr bis 10 Uhr am nächsten Tag, ohne eine Sekunde Schlaf. Uns wurde vorher noch erzählt, dass die Paare während der Geburt teilweise noch Pizza bestellen oder etwas schlafen, ein Paar beim Schwangerschaftskurs sagte sogar, dass sie beim letzten Mal Raclette gemacht haben. Verrückt. Und bei uns? Pustekuchen. Ich war froh, wenn ich zwischendurch mal eine Scheibe vom selbst gemachten Brot essen und vor allem Jana etwas füttern konnte, weil sie quasi gar nichts aß bzw. einfach nichts essen konnte. Ich war die ganze Zeit an Janas Seite, weil sie so am Zittern war und die Wehen nur schwer veratmen konnte. Sie hatte keine einzige Pause, um sich mal zu erholen. Wir lagen im Bett, sie hatte die Wehe veratmet, ich legte sie wieder hin. Eine Minute später streckte Jana einfach nur die Hand aus, ich zog sie hoch und sie veratmete die nächste Wehe, während sie unglaublich zitterte. So ging es über mehrere Stunden, nonstop, wodurch wir beide nicht schlafen konnten. Und immer wieder kam die Hebamme, fühlte, wie weit der Muttermund geöffnet war, und jedes Mal überbrachte sie uns die bittere Nachricht, dass er sich nur minimal weiter geöffnet hatte. Natürlich waren wir beide komplett ausgelaugt. Ich konnte nicht mehr, versuchte, die paar Sekunden Pause für Sekundenschlaf zu nutzen, doch vor allem tat mir Jana so unendlich leid. Deswegen hätte ich sie auch niemals alleine lassen können.

Ich hätte nicht gedacht, dass mich Janas Schmerzensschreie so treffen würden. Als die Presswehen einsetzten, konnte Jana nicht direkt von der Austreibungs- in die Pressphase wechseln. Sie nutzte die Kraft nicht zum Pressen, sondern brüllte ihre Energie raus. Dieses Brüllen traf mich so sehr, dass mir die

Tränen liefen. Ich wollte es unterdrücken, vor Jana verstecken, damit sie nicht sah, dass auch ich leide oder schwach werde. Ich wollte der starke Mann an ihrer Seite sein, aber konnte es nicht. Diese Schreie, die Tränen und der Schmerz – das war einfach zu viel, gerade wenn man die ganze Nacht durchgemacht hatte. Die Presswehen waren der Wendepunkt und der Anfang einer für Jana sehr besonderen Zeit, von der sie bis heute erzählt, wie stark und gut sie sich fühlte. Natürlich war es noch anstrengend, doch wir sahen das Licht am Ende des Tunnels. Presswehen – gleich musste es da sein! Sie wechselte die Position, saß auf den Knien und presste unser Baby heraus.

Das war wieder so eine Situation, von der ich häufig gehört hatte, dass sich Männer das nicht angucken könnten, es sei zu eklig, unnatürlich oder gar erschreckend zu sehen, wie der Kopf aus der Scheide herauskommt. Ich empfand das überhaupt nicht so, ich freute mich einfach nur und fand es eher unglaublich aufregend.

Und da war sie dann – unsere bezaubernde und wunderschöne Tochter. Ein paar Stunden nach der Geburt fuhren wir schon nach Hause und obwohl ich nach der Nacht komplett kaputt war, fühlte ich mich stark. Ich war jetzt Papa, ich hatte mein Kind ins Auto getragen und meine Familie sicher nach Hause gefahren. Es war wie ein Adrenalinkick – ich präsentierte meine Tochter der Welt. Ich wollte sie jedem zeigen, weil ich so stolz war. Stolz auf meine Tochter und vor allem stolz auf meine Familie. Wir sind alle gesund, Jana und auch wir beide als Team hatten die Geburt super gemeistert und ich fühlte mich unglaublich gut dabei. Ich lächelte alle Menschen an und war einfach nur glücklich.

Du entwickelst dich,
veränderst dich.

Schwangerschaft und Geburt: Tipps und Infos

Der Ort einer Geburt

Der Großteil aller Geburten findet in einem *Krankenhaus* oder in einer Geburtsklinik statt. Die medizinisch-technischen Versorgungsmöglichkeiten vor Ort geben vielen ein großes Sicherheitsgefühl. Spätestens in der 37. Schwangerschaftswoche sollte man sich zur Geburt in dem Krankenhaus oder der Klinik seiner Wahl anmelden. Es gibt aber auch die Möglichkeit, sein Kind außerhalb einer Klinik zu bekommen – zum Beispiel in einem Geburtshaus oder bei einer Hausgeburt.

Geburtshäuser sind selbstständige Einrichtungen, die von Hebammen geleitet werden. Die Zimmer sind sehr wohnlich und heimelig eingerichtet und schaffen dadurch eine vertraute Atmosphäre. Die Hebammen aus den Geburtshäusern begleiten werdende Mütter nicht nur während der Geburt, sondern bereits während der Schwangerschaft. Man kann unter anderem auch seine Vorsorgeuntersuchungen bei ihnen durchführen lassen. Dadurch sind die Menschen, die einen unter der Geburt begleiten, bereits vertraut und bekannt. In einigen Geburtshäusern bieten die Hebammen auch die Nachsorgeuntersuchungen und Betreuung im Wochenbett an. Kinder können dort ambulant und selbstbestimmt auf die Welt gebracht werden. In der Regel sind keine Ärzt*innen vor Ort, deswegen besteht keine Möglichkeit medizinischer Hilfen wie eine PDA oder Operationen. Aus diesem Grund gibt es Voraussetzungen für eine Entbindung in diesen Einrichtungen: Die werdenden Mütter müssen einen unkomplizierten Schwangerschaftsverlauf haben und gesund sein. Mehrlingsschwangerschaften und Frauen mit bestimmten Vorerkrankungen werden ausgeschlossen.

Wenn es während der Geburt zu einer kritischen Situation kommt, wird entweder ein*e Ärzt*in hinzugerufen oder man wird in ein Krankenhaus verlegt – ebenso kann man eine Verlegung vornehmen, wenn man unter der Geburt doch eine andere medizinische Hilfe in Anspruch nehmen möchte. Man sollte sich schon früh in der Schwangerschaft zur Geburt anmelden, um sich einen Platz zu sichern.

Die wohl intimste und heimischste Atmosphäre erfährt man bei einer *Hausgeburt.* Dabei sucht man sich eine Hebamme, die bereit dazu ist, die Geburt in den eigenen vier Wänden durchzuführen. Da es leider nicht so viele Hebammen gibt, die Hausgeburten anbieten, sollte man sich unmittelbar, nachdem man von der Schwangerschaft erfahren hat, auf die Suche nach einer Hebamme begeben. Bei den Vorsorgeuntersuchungen sollte man sich von der Hebamme und einem Arzt bzw. einer Ärztin beraten lassen, ob diese Art der Entbindung für die eigene Geburt infrage kommt.

Die richtige Wahl des Geburtsortes ist ganz individuell. Dabei sollten werdende Mütter den Ort wählen, der ihnen die meiste Sicherheit schenkt. Sicherheit kann dabei eine individuelle Bedeutung haben. Für die eine ist es eine außerklinische Geburt bzw. die Geburt in den eigenen, sicheren vier Wänden, in denen nur dann in den Geburtsprozess eingegriffen wird, wenn es einen Grund dafür gibt. Für die andere ist es das Krankenhaus, in dem sie umgeben von jeder nur möglichen medizinischen Versorgung entbinden kann.

Schau dir gerne beide Seiten an und entscheide aus dem Bauch heraus!

Die Bedeutung der Hebamme

Eine Hebamme ist eine wichtige und wertvolle Begleiterin! Sie ist eine zuverlässige Ansprechpartnerin für medizinische, aber auch soziale oder psychische Fragen und begleitet Frauen vom Beginn der Schwangerschaft über die Geburt bis in die erste Zeit mit dem Neugeborenen.

Hebammen kennen sich mit den Vorgängen im Körper bei Mutter und Kind aus, nehmen Ängste und helfen dabei, diese spannende Zeit stark und positiv gestimmt zu erleben. Nicht nur Ärzte und Ärztinnen führen (Vorsorge-)Untersuchungen durch, auch Hebammen tun das. Bis auf Ultraschalluntersuchungen dürfen Hebammen bei einer komplikationslosen Schwangerschaft alle üblichen Untersuchungen durchführen. Während der Geburt stärken sie den werdenden Müttern den Rücken und betreuen sie, bis das Baby auf der Welt ist. Hebammen sind Geburtshelferinnen, die den gesamten Geburtsprozess selbstständig begleiten und erkennen, ob ein medizinisches Eingreifen notwendig ist. Außerdem bieten sie oft auch zusätzliche Kurse wie Geburtsvorbereitung oder Schwangerschaftssport an, über die man gleich Kontakte zu anderen Müttern knüpfen kann.

Podcast-Tipp

Der Podcast „Die friedliche Geburt" von Kristin Graf war für mich der absolute Gamechanger während meiner Schwangerschaft und in der Zeit danach. Er hat mir dabei geholfen, ein positives Mindset aufzubauen, ins Vertrauen zu gehen, und hat mich darin bestärkt, Geburt als einen völlig natürlichen Prozess zu betrachten. Auch heute höre ich immer noch gerne rein und hole mir Tipps und Inspirationen für meine Mutterschaft.

App-Tipp

In der Smartphone-App „Schwangerschaft & Baby" vom Babycenter oder in der App „Schwangerschaft+" von Philips Digital wird man während der Schwangerschaft und der ersten Zeit mit dem Baby begleitet. Die Apps bieten zum Beispiel Tipps in Form von Artikeln und Blogbeiträgen, Schwangerschaftskalender und interaktive Bilder zur Entwicklung des Fötus an.

Liebesbrief

Hier hast du die Möglichkeit, deinem Körper für all das zu danken,
was er ist und bisher geleistet hat.

Lieber Körper,

ich bin dir dankbar dafür, dass …

_____

_____

_____

_____

_____

_____

_____

_____

_____

_____

_____

KAPITEL 5

Das Wochenbett,
MEIN PARTNER UND ICH

Liebes Tagebuch,

hier liege ich nun. Knapp 5 Stunden sind seit der Geburt verstrichen. 5 Stunden in meinem neuen Leben. Mein Baby schläft auf meiner Brust, mein Freund völlig erschöpft neben mir und ich, ja ich kriege kein Auge zu. Über 30 Stunden war ich nun wach und meinen Magen konnte ich gerade mal mit einer Scheibe Brot füllen. Aber ich fühle mich so satt vor Glück, satt von all den Eindrücken und satt von dieser enormen Kraft.

Es ist so friedlich, so ruhig, als würde gerade kurz die Zeit stillstehen. Ich lausche den Geräuschen meiner Kleinen, diesem leisen Quietschen, das sie beim Ein- und Ausatmen von sich gibt. Ich inspiziere sie von Kopf bis Fuß. Diese kleine Nase, diese zarten Lippen, die winzigen Fingernägel, die aussehen, als kämen sie gerade frisch von der Maniküre, und diese weichen, feinen Haare, die meine Haut kitzeln. Sie ist so klein, so zerbrechlich und so wunderschön.

Ich lag dort, erfüllt von Glück, völlig übermüdet und gleichzeitig völlig überdreht – ich meine, was um alles auf der Welt war dort eben passiert? Die Geburt, die erst wenige Stunden hinter mir lag und sich zeitweilig so langatmig angefühlt hatte, die Geburt, auf die ich so lange gewartet hatte, die so schöpferisch gewesen war, so kraftvoll, so atemberaubend – sie war nun tatsächlich vorbei. Auf der einen Seite fühlte ich mich unbesiegbar, schließlich hatte ich soeben das kraftvollste Ereignis meines Körpers erleben dürfen. Eine wahre Naturgewalt. Ich hatte ein Kind auf die Welt gebracht und es verdammt noch mal gerockt. Und auch wenn es sich zu Beginn wie eine Ewigkeit angefühlt hatte, so blieb jetzt nur noch ein kleiner Fetzen der Erinnerung.

Auf der anderen Seite fühlte ich mich verwundet. Na ja, ich war es auch. Die Nachwehen brachten mich um den Schlaf, ich spürte bei jeder Bewegung die Wunden, die aufgerissene Haut. Mein Bauch war so weich, so leer und wenn ich aufstand, dann kam es mir vor, als würden meine Organe in mir umhertanzen. Ich bekam Luft, so viel Luft, weil alles in mir endlich wieder Platz hatte. So viel Luft, dass es schon fast unangenehm war, im Stehen zu atmen. Es erinnerte mich an das Gefühl, das ich bekomme, wenn ich unter Wasser mit einem Schnorchel atme – ein Gefühl, das ich gar nicht mag. Gerade laufen konnte ich noch nicht, aber ich bemühte mich, ich war stark und doch so weich und ab und zu, da dachte ich, ich fühlte noch die Tritte meiner kleinen Maus in mir drin.

Als wir 3 Stunden nach der Geburt alle gemeinsam das Geburtshaus verließen, wirkte die Welt draußen anders. Irgendwie wirkte sie, als wäre sie in Watte gepackt, völlig unreal, wie in einem Film. Ich erinnere mich noch so gut, wie ich hinten neben unserem Baby auf der Rücksitzbank saß und beobachtete, was um uns herum geschah. Die großen Häuser, die Menschen auf ihren Fahrrädern, in ihren Autos. Eine so schnelllebige, für mich in diesem Moment so unreale Welt, die einfach weiterlief, wo meine doch eben kurz stehen geblieben war, weil dieser Moment so gigantisch war, dass sich darum herum nichts weiterdrehen konnte.

Voller Euphorie und absolut übertriebener Vorsicht fuhren oder schlichen wir eher die 5 Minuten nach Hause. Wie fährt man denn so ein Auto, wenn ein so kleines, zerbrechliches Wesen in seiner noch so überdimensional wirkenden Autoschale mitfährt.

Wir waren so froh und dankbar, bald in unserem Zuhause zu sein. Das war der Ort, an dem wir es uns noch weiter in unserer kleinen

Bubble bequem machen konnten, in die auch wir eben hineingeboren worden waren. Hier konnte ich mich fallen lassen, hier konnte die Zeit weiter kurz stillstehen.

Wir parkten das Auto in der Tiefgarage und ich bemühte mich, die steile Einfahrt zum Haus mit meiner gigantischen Windel zwischen den Beinen und den brennenden Wunden hinaufzulaufen, da hörten wir bereits unsere Haustür aufgehen. So aufgeregt, so euphorisch und so stolz blickten wir auf das, was gleich geschehen würde. Leons Bruder hatte die ganze Zeit der Geburt bei uns verbracht und auf unsere Hündin aufgepasst. Er stand da, mit Tränen in den Augen, und beglückwünschte uns.

Molly kam aus der Tür gerannt und erkannte gleich, dass wir von nun an nicht mehr alleine waren. Bevor sie uns begrüßte, stürmte sie fröhlich zur Babyschale, die Leon in den Armen hielt. Damit Molly unsere kleine Emilia kennenlernen konnte, stellten wir die Babyschale gleich ins Wohnzimmer auf den Boden und ließen sie schnuppern. Nach wenigen Sekunden war Emilia akzeptiert und in der Familie aufgenommen.

Von unterwegs hatten wir bereits meine Mama angerufen. In den kommenden Tagen und Wochen würde sie zu meiner absoluten Heldin werden. Einen besonderen Draht hatte ich schon immer zu meiner Mama. Sie ist nicht einfach nur meine Mama, sondern so, so viel mehr für mich. Oft ist sie meine Anlaufstelle, wenn ich nicht mehr weiterweiß, mein Anker, mein Fels in der Brandung. Und so war sie es auch in diesem Moment – allerdings auf einer völlig neuen Ebene. Meine Mama war für mich immer die stärkste Frau auf der Welt, und doch sah ich sie nun mit anderen Augen. Zu wissen, dass sie das, was ich hier gerade erlebt hatte, sogar zwei

Mal durchlebt hatte, die gleichen Schmerzen und womöglich die gleichen Gefühle erlebt hatte, machte sie für mich noch kraftvoller als so schon. Ich fühlte mich mit ihr noch mehr verbunden, aber nicht nur mit ihr. Ich sah plötzlich jede Mutter dieser Welt mit anderen Augen, voller Respekt, denn ganz ehrlich: Jede Frau, die eine Geburt gemeistert hat, ist eine absolute Superheldin. Der Moment, als meine Mama hereinkam, uns sah und sich ihre Augen mit Freudentränen füllten, war so besonders. Wir umarmten uns eine gefühlte Ewigkeit und beide fühlten wir die Magie der Geburt, die unglaubliche Kraft, die in uns wohnt, die unbeschreibliche, bedingungslose Liebe, die wir Frauen so in dieser Form wohl erst als Mama empfinden, und sahen die Stärke in uns beiden. Wir schenkten einander Respekt, Achtung, Dankbarkeit, Wertschätzung und Liebe in dieser ersten Umarmung, die keine Worte brauchte. Von Mama zu Mama, von Frau zu Frau, von Mensch zu Mensch. Magisch und wundervoll. Als sie dann wieder losfuhr, um uns noch ein paar Kleinigkeiten zu besorgen, war ich heilfroh, als sie sagte, sie sei gleich wieder da, und noch glücklicher war ich, als sie dann neben unserem Bett auf dem Boden saß. Während Emilia auf mir und Leon neben mir schliefen, konnte ich ihr mein Herz ausschütten. *„Mama"*, sagte ich, *„das war schrecklich!"* Ich sagte das, obwohl ich mich eigentlich gerade wie eine absolute Heldin fühlte, weil meine Geburt so selbstbestimmt und letztendlich sehr nah an meine Vorstellung herangekommen war. Aber in diesem Moment empfand ich es so. Es war ein kleiner, leiser Teil, der völlig erschüttert und gar traumatisiert von dieser Grenzerfahrung war. Ein Teil, der sich machtlos fühlte bei dem, was dort passiert war. Schockiert über die Ausmaße der Geburt, über den Kontrollverlust, die Intensität, die Kraft, diese wahrhaft mächtige Naturgewalt. Es wirkte auf mich so widersprüchlich, weil ich doch das schönste Naturspektakel meines Lebens hatte erleben dürfen. Meine Mutter hielt meine

Hand und antwortete: *„Ja, ich weiß".*

Ja, sie weiß es, sie weiß, wie ich mich fühle. Es war die Art, wie sie mich anschaute, die Art, wie sie diese Worte sagte, mit denen sie mir so viel Kraft schenkte. So viel Verständnis, so viel Anerkennung. Wir fühlten einander, fühlten uns verbunden – und das auf einer ganz neuen Ebene.

In den nächsten Tagen inspizierte ich mein Baby immer und immer wieder aufs Neue – ich war fassungslos darüber, wie wunderschön und klein so ein Baby sein kann. Mein Heldinnengefühl hielt an, auch wenn ich selbst ständig meine eigenen Windeln wegen des Wochenbettflusses wechseln musste und vor Wundschmerzen weder ordentlich pinkeln noch sitzen konnte, ganze 3 Tage lang. Nach den 3 Tagen verschwand auch mein dauerhaftes Glücksgefühl, meine Überdrehtheit, das Dauergrinsen und die Euphorie-Blase. Mit ihnen schwand auch das Gefühl, Bäume ausreißen zu können. Versteh mich nicht falsch, ich war auch weiterhin sehr, sehr glücklich, wurde jedoch plötzlich von einer Welle an Emotionen überrollt, die ich in dieser Intensität vorher noch nie gespürt hatte.

Natürlich hatte auch ich vorher von anderen Müttern gehört, wie überwältigend die Liebe zum eigenen Kind ist. Ich dachte, ich würde sie schon kennen. Wir haben ja unsere kleine Hündin Molly, die ich so unendlich doll liebe. Mit 20 Jahren, kurz nachdem ich in meine erste eigene Wohnung gezogen war, hatte ich sie aus einer Nothilfe aus Kreta adoptiert. Dieses kleine, zarte Wesen, das zuvor keine schönen Erfahrungen gemacht hatte, der Körper übersät von kleinen Wunden. Ich pflegte sie gesund, kochte ihr jeden Tag Schonkost, damit ihr Körper heilen konnte, und liebte sie ab dem ersten Moment. Noch nie habe ich so ein Vertrauen, so eine Dankbarkeit erlebt. Oft ist sie für mich meine kleine Tankstelle, wenn ich mal regenerieren muss. Meine Liebe für sie fühlte sich so groß an und das, was von ihr zurückkam, diese Dankbarkeit, diese Bedingungslosigkeit, ich dachte, sie wäre vergleichbar mit der Liebe zu einem Kind, dem eigenen Kind. Ja, tatsächlich, das dachte ich.

Mutter sein war alles, was ich immer gewollte hatte – und ich dachte, ich sei vorbereitet, bis ich merkte, dass kein Mensch auf dieser Welt vorbereitet sein kann auf das, was Geburt und Mutterschaft mit sich bringen – ganz gleich, wie alt du bist und wie viele Bücher du bereits gelesen hast.
Es war eine Art der Liebe, wie ich sie vorher nicht mal erahnen konnte. Sie war so viel größer als alles, was ich bislang gekannt hatte, und eine gigantische, ja schon panische Verlustangst schlich mit ihr einher. Verlustängste hatten mich mein Leben lang begleitet. Als Kind hatte ich regelmäßig Albträume, in denen ich um meine Eltern bangte. Ich träumte davon, Leon zu verlieren, Molly zu verlieren. Doch diese Art von Verlustangst lief mir kalt den Rücken herunter und zog mir alles unter den Füßen weg. Es war die Machtlosigkeit, Schicksale nicht bestimmen zu können und das Leben, so wie es kommen würde, annehmen zu müssen. Es war die Angst davor, loszulassen, weil ich wusste, dass ich mein Kind niemals ein Leben lang überall und vor allem beschützen könnte, egal wie sehr ich mich bemühe.

Nein, diese Liebe war gleich nach der Geburt nicht so verdammt intensiv wie Tage später. Vielmehr wurde ich selbst in eine Blase hineingeboren, in der ich erst mal über allem schwebte, bis ich im Jetzt ankam.

Ich lag den ganzen Tag im Bett und starrte mein Baby an, dieses kleine, zerbrechliche und gleichzeitig so starke Wesen, mein großes Wunder.

Ich entwickelte plötzlich panische Ängste, erlebte Tagträume, in denen sich das Schlimmste vor meinen Augen abspielte. Ich hatte Angst um mein Baby, furchtbare Angst, dass man sie mir wieder wegnehmen könnte. Sie war so zauberhaft, dass ich mir nicht vorstellen konnte, dieses Glück wirklich erleben zu dürfen, nachdem ich es mir so lange gewünscht hatte. Sie war alles, was ich immer gewollt hatte, und zu groß war die Angst, all das wieder zu verlieren. Die Angst lähmte und blockierte mich. Nicht den ganzen Tag – aber immer mal wieder und besonders am Abend, in der Dunkelheit. Wie sagte ich so schön: der erste Prozess des Loslassens und ich war mittendrin. Das überwältigte mich ganz schön. Etwas loszulassen, macht uns meistens eine Scheißangst.

Ich wollte dieses neue Glück festhalten. Schützen. Nie wieder loslassen und vor allem Unheil bewahren. Ich wollte nicht, dass die Zeit weiterlief, wollte, dass unsere Welt stillhielt, so schön still, so geschützt vor all dem Trubel. So viele Eindrücke, so viele Emotionen und ein so großes Gefühl der Ohnmacht. Das verängstigte mich so und raubte mir schlicht den Verstand. Wo war das Vertrauen in mich, in das Leben, das mich durch die Geburt getragen hatte? Niemand kann in die Zukunft schauen, niemand weiß, wie unser Leben mal aussehen mag. Zum Glück – schließlich liegt alles, was wir haben, im Moment der Gegenwart.

Ich fragte mich, wie ich mich selbst aus dieser Angst retten könnte. Ich probierte es mit Atemtechniken, mit Meditationen, in denen ich gedanklich mit meiner Angst sprach. Ja, diese Meditationen hatten mir bereits tatsächlich in der Schwangerschaft geholfen, wenn ich einen Moment der Angst empfunden hatte. Sie halfen für den Moment, aber sie brachten mir nicht das Vertrauen zurück, dieses tiefe Vertrauen, das es brauchte, um nicht in der Angst zu versinken.

Für mich blieb da der Glaube, den ich schon längst vergessen hatte. Ich weiß noch genau, wie ich abends im Bett neben meinem Baby lag, mit den Tränen kämpfte und verzweifelt versuchte, nach einem Strohhalm zu greifen. Doch es war der Glaube. Der Glaube daran, dass es doch irgendetwas geben musste, einen Gott, ein Universum, irgendwas, wohin ich mich wenden konnte. Etwas, zu dem ich sprechen konnte, wenn ich in dieser Angst versank. Etwas, das mir zuhörte, etwas, dem ich vertrauen, das ich bitten konnte, uns zu beschützen, und das mich an meine Kraft und das Jetzt erinnerte.

Ich dachte mir, dass dieser Glaube meine einzige Möglichkeit sei, darauf zu vertrauen, dass alles gut war und gut bleiben würde. Es kam mir zunächst befremdlich vor, in meinen Gedanken zu etwas Unsichtbarem zu sprechen, von dem ich nicht mal wusste, ob es wirklich existiert.

Es muss doch einen Ort in uns geben, dachte ich mir, der heilend ist, mich auffängt. Wo die Liebe wohnt. Einen Ort, an dem wir uns fallen lassen können, an dem es uns gut gehen darf, wo wir auftanken und uns selbst erkennen dürfen.

Wenn das alles nur außerhalb von uns existieren würde, dann würde das ja bedeuten, wir wären von irgendeiner äußeren Macht abhängig. Das würde dem, was ich glaubte, dem, was ich mir vorstellte, widersprechen – denn das würde mir Angst machen. Angst machen, etwas Äußerem gerecht werden zu müssen, um nicht bestraft zu werden – als würde mein Glück davon abhängen, wie hörig ich dieser Macht wäre. Noch mehr Angst, wo ich doch genau das Gegenteil suchte.

Es musste etwas in mir drin sein, etwas, das in uns allen schlummert. Ich dachte, es sei Zeit, mich wieder für die Wunder in meinem Leben zu öffnen. Und hatte ich nicht gerade das größte Wunder im Leben selbst erfahren dürfen?

Mit dieser Erkenntnis verstand ich, dass es in Ordnung ist, zart zu sein, müde zu sein. Dass es okay ist, Angst zu haben, aber dass diese Angst nicht alles ist. Nein, ich bin nicht meine Angst. Sie ist nicht das, was mich ausmacht. Ich habe erkannt, dass es in Ordnung ist, mir selbst gegenüber sanft zu sein und zu fühlen, was ich fühlte. Es ist in Ordnung, kurz zu verzweifeln. Meine Gefühle, die sind in Ordnung. Ich brauche sie nicht ablehnen, sondern darf sie annehmen und auch wieder gehen lassen. Denn ja, es ist in Ordnung, nicht in Ordnung zu sein, es ist in Ordnung, traurig zu sein oder sich ohnmächtig zu fühlen.

Ich bin mir sicher, dass auch du schon einige Ängste in deinem Leben erfahren hast. Und vielleicht hast auch du so wie ich versucht, gegen diese Ängste anzugehen. Mir hat das nicht geholfen, denn in dem Augenblick, in dem ich die Angst wegschieben wollte, sie ablehnte, in mir tobte und mich dagegen wehrte, erlebte ich, dass sie nur noch größer wurde. Also entschied ich mich zu glauben. An das Jetzt, an die Liebe, daran, dass es uns gut gehen wird. Daran, dass der Moment, genau dieser gegenwärtige Moment, alles ist, was wir jemals haben werden. Daran, dass wir beschützt sind, und daran, dass man es gut mit uns meint. Mir blieb nichts anderes übrig, als daran zu glauben, denn sonst wäre ich in meiner Angst ertrunken.

Mit dem Universum, Gott, mit dem, was ich in mir suchte, zu sprechen, darum zu bitten, mir die Kraft zu geben, mein Herz zu öffnen – all das brachte mir Vertrauen zurück. Ein warmes Gefühl entstand aus mir selbst heraus, ein warmes Gefühl von: *„Wir sind beschützt".*

Es ist auch gut, wenn man einen anderen Menschen hat, der einen tröstet und auffängt. Jemanden, der einen an all das erinnert, was ich in diesem Moment für mich erkannt und gefühlt habe. Für mich war das meine Mama. Wenn meine Ängste fast unerträglich wurden, dann rief ich sie an. Und glaube mir, das war oft der Fall.

Trotz all meiner Ängste, die sich immer wieder einschlichen, empfand ich das Wochenbett als eine der wundervollsten, friedlichsten, prägendsten und magischsten Zeiten meines Lebens.

Ich schuf mir einen friedlichen Ort mit meinem Baby und nahm am Leben der äußeren Welt fast 3 Wochen lang nicht teil. Ich blieb in meiner eigenen Welt und bin heute so froh und dankbar, dass ich mir diese so sehr aufrechterhalten hatte. Es passiert früh genug, dass sich alle um dein Baby reißen und jeder seinen Senf dazu abgibt, wie man als Eltern mit dem Kind umgeht. Und ich meine wirklich alle Menschen, und zwar zu jedem Thema.
Du musst dir das nicht anhören und du darfst dich besonders im Wochenbett einfach mal kurz von der restlichen Welt abkapseln, wenn dir danach ist. Niemand muss so schnell wie möglich dein Baby kennenlernen, wenn für euch noch nicht die Zeit dazu ist. Und du musst dein Baby auch nicht jedem in den Arm legen, wenn es sich für dich falsch anfühlt. Du darfst und sollst jetzt mehr denn je für dich einstehen – und wenn es dir schwerfällt, dann besprich deine Wünsche bereits im Vorfeld mit deiner Familie und deinen Freund*innen. Du musst niemandem etwas beweisen, und du musst um Himmels willen auch nicht schnell wieder in alter Form und auf dem alten Energielevel sein – das ist unmöglich. Ja, unmöglich! Du musst nicht wenige Tage nach der Geburt in einem Restaurant sitzen, um anderen zu beweisen, wie stark du bist und wie gut du alles schaffst – außer natürlich, es ist dein sehnlichster Wunsch (wenngleich Frauen besonders im frühen Wochenbett einfach ins Bett gehören, um dem Körper Ruhe zu schenken – denn

eine Geburt ist kein Spaziergang für deinen Körper!).

Ich kam nach 2 Tagen selbst auf die wahnwitzige Idee, in die Stadt zu fahren, um noch die ein oder andere Wollkleidung für meine Tochter zu kaufen – da war ich noch in meiner Bubble der Unbesiegbarkeit und ich hatte völlig ausgeblendet, dass ich kaum einen Schritt vor den anderen setzen konnte und mein Kreislauf absolut noch nicht auf Höhe war. Und so war also mein Körper die Bremse, wenngleich mein Kopf noch immer dachte, ich könnte Bäume ausreißen. Meine Hebammen hatten mir ohnehin dazu geraten, mindestens 5-7 Tage das Bett maximal für einen ganz kurzen Spaziergang und ansonsten gar nicht zu verlassen. Mein Körper war wund, er bildete sich zurück, er heilte und ich kam an – in einem völlig neuen Leben. Ach ja, und dann ist da auch noch der Milcheinschuss.

Genau 3 Tage nach der Geburt wuchsen meine Brüste innerhalb kürzester Zeit um zwei Körbchengrößen. Es fühlte sich an, als hätte mir jemand zwei Melonen unter die Haut implantiert. Sie waren wie wunderschöne Steine, aus denen plötzlich eine weiße Flüssigkeit auslief. Die Milch floss, ja manchmal schoss sie nur so aus mir heraus und meine Brüste waren so prall, so voll, dass sich mein Baby die ersten Male beim Anlegen völlig verschluckte. Wie verrückt, dass all das einfach so automatisch passiert, oder?

Ich hatte mir so sehr gewünscht, zu stillen. Wie lange? Keine Ahnung. Und die musste ich auch nicht haben. Wie lange Frauen stillen, hängt nämlich nicht nur vom eigenen Wunsch ab, sondern auch von Baby und dem Körper der Mutter.

Ich hatte nie Angst, dass es nicht klappen könnte – obwohl ich mich ehrlicherweise schon das ein oder andere Mal fragte, ob meine Brüste vielleicht zu klein seien und demnach nicht ausreichend Milch produzieren würden. Ebenso fragte ich mich, wie ich um alles in der Welt ein Baby halten muss, damit es meine Mini-Brust überhaupt erreicht. Völliger Quatsch, das wurde mir aber erst klar, als es so weit war. Das waren einfach nur weitere unbegründete Ängste, die sicherlich aus meinen Vorstellungen von Frausein und Weiblichkeit entstanden waren – dem Bild einer Frau, die mit großen Brüsten besonders weiblich erscheint.

Ich glaubte dennoch immer fest daran, dass es schon klappen würde, kaufte keine Pre-Milch, kein einziges Fläschchen und befasste mich, um ehrlich zu sein, absolut nicht mit diesem Thema. Falls etwas nicht so laufen würde, wie ich es mir vorstellte und wünschte, wäre es ein Katzensprung zum Supermarkt oder zur nächsten Drogerie, um Milch und Fläschchen zu besorgen. Es sollte keine Ignoranz sein, keine fehlende Akzeptanz dafür, dass im Leben eben nicht immer alles nach Plan läuft. Vielmehr sah ich es als absolut nicht notwendig, mich mit etwas zu beschäftigen, das vielleicht gar nicht eintritt. So tat ich es in diesem Fall, so tat ich es bei der Geburt, so tat ich es bei fast allem, bei dem es einfach ausreicht, die Details erst zu erfahren, wenn der Fall wirklich eintritt. Ich vertraute auf Mutter Natur, das Leben, mich selbst und meinen Körper.

Das Stillen klappte hervorragend, es war so unkompliziert, so logisch und instinktiv. Nachdem meine Hebamme mir den ein oder anderen Griff gezeigt hatte, mit dem meine Kleine auch aus meiner rechten Brust trinken mochte, funktionierte es – mit Geduld und Vertrauen, nachdem sie in den ersten 2 Tagen kaum getrunken hatte. Ich stillte nie nach Uhrzeit, stoppte nie die Zeit, wenn sie sich etwas länger an der einen Brust aufhielt, und ich ließ sie an meiner Brust auch gerne einfach einschlafen, ohne mir darüber Gedanken zu machen, ob es irgendwann mal schwieriger sein könnte, sie vom Einschlafstillen abzugewöhnen. Das machte ich über die gesamten

20 Monate so, in denen ich sie stillte. Einfach und unkompliziert – der Rest regelte sich von alleine.

Obwohl alles gut klappte, war es nicht immer angenehm. Die ersten 2-3 Wochen empfand ich ein eher unangenehmes Ziehen, wenn sie saugte, sodass ich mir manchmal in die Oberschenkel kniff, um es auszugleichen. Ich weiß nicht, ob ich es als Schmerz bezeichnen würde, aber es war … unangenehm. Meine Brustwarzen waren es logischerweise nicht gewohnt, ständig beansprucht zu werden, und wurden wund – aber immer nur so, dass ich mit viel Luft an der Brust und einem Wechsel aus kühlenden Einlagen und Brustwarzensalbe gut über die Runden kam.

Meistens bestand mein Tag in den ersten Wochen nur aus Stillen, abgesehen von sehr viel Schlaf und den paar Mahlzeiten zwischendurch, die ich mir eher aufzwingen musste. In der ersten Woche nach der Geburt bekam ich kaum etwas herunter. Mir war nicht schlecht – es ging mir gut. Ich war einfach nur immer noch satt von all dieser Liebe, den Eindrücken, den Gefühlen. Meine Mama und meine beste Freundin besuchten mich beinahe jeden Tag, mal abwechselnd, mal gleichzeitig. Oft kamen sie abends, um mir Essen zu bringen, während Leon Fußballtrainig hatte – und das hatte er zu der Zeit fast täglich. Zugegeben, die beiden waren neben Leon natürlich, auch die einzigen, die ich um mich herumhaben mochte.

Sie umsorgten mich, brachten mir neue Vlieswindeln für den Wochenfluss, brachten mir Essen. Meine Mutter zwang mich förmlich dazu – und es war richtig, damit ich bei Kräften blieb. Mein Körper brauchte die Energie, nicht nur, um zu heilen oder die ein oder andere schlaflose Nacht zu überstehen, sondern auch zum Stillen. Neben dem Essen waren sie einfach für mich da, ließen mich erzählen, ließen mich schweigen, ließen mir ein Sitzbad ein, während eine mich stützte, die andere mein Baby hielt.

Wie du vielleicht bereits gemerkt hast, ging es in meinem Wochenbett bislang meistens um das Baby, um meine körperlichen Veränderungen, meine Ängste und meine Mama. Doch gab es noch den frisch gebackenen Papa: Leon. Aber mit ihm und mir war es anders. Alles war anders. Die Geburt war nicht nur Emilias Start in diese Welt, sondern auch der Start für Leon und mich in völlig neue Rollen, Situationen und Themen. Wenn ich heute darüber nachdenke, wie mein Wochenbett aussah, ja, dann sehe ich mich schlafend mit meinem Baby auf dem Bauch, sehe mich neben ihr im Bett liegend, wie ich sie von oben bis unten anschaue, und sehe diesen kleinen Menschen permanent an meiner Brust. Obwohl Leon und ich die Geburt als Team so unfassbar gut gemeistert hatten, so verschwimmt meine Erinnerung an ihn während der Zeit des Wochenbetts.

Wir kuschelten oft alle gemeinsam im Bett, er besorgte die Einkäufe, ging mit dem Hund raus, machte uns Pancakes, brachte uns das Essen ans Bett, kümmerte sich weitestgehend um den Haushalt. Er wechselte Windeln und bestaunte den Prozess des Stillens. Dennoch war er nicht so richtig Teil dieser kleinen, zarten Blase, in der Emilia und ich schwebten, war nicht ganz Teil meines völlig verrückten Gedankenuniversums.

Ich hatte durch die Schwangerschaft definitiv einen Vorsprung. Klar, unser Baby hatte ich vorher auch noch nie in den Armen gehalten oder gar sehen können, aber ich hatte sie gespürt. Ich hatte sie unter meinem Herzen getragen, mich innerlich immer wieder mit ihr verbunden, ihr Lieder vorgesungen, hatte versucht, sie zu beruhigen, wenn sie mal wieder einen Schluckauf hatte. Ich hatte gespürt, wie sie bei der Geburt immer und immer tiefer sank, hatte jede ihrer Bewegungen in mir gespürt. Wie sollte ich das Leon vermitteln? Und dann kam nach der Geburt das Eintreten in ein völlig neues Beschützergefühl. Auch wenn Leon mich schon in der Schwangerschaft mit einem wachsenden Bauch, dem Schwangerschaftsuniversum und manchmal meinen verrücktspielenden Hormonen „teilen" musste, erreichten wir das nächste Level. Die nächste Herausforderung wartete auf uns. Wir waren nun Eltern.

Wie geht das Elternsein? Auch darüber gibt es viel zu lesen, aber letztendlich musst du es erfahren und mit Leben und eigenem Geist füllen. Es waren nicht alle Tage rosig, wir beide hatten da so unsere eigenen Erlebnisse, unsere eigenen Gefühle, mit denen wir im Zweifel zunächst mal kämpften, weil sie doch so neu waren. Wenn ich nachts 4 Stunden mit einem schreienden Baby wach war und selber nicht weiterwusste, dann konnte Leon mir nicht wirklich helfen. An diesen Tagen habe ich dann im Rhythmus von Emilia selbst auch viel geschlafen. Es war eine tiefe, starke Symbiose von Mama und Baby. Wenn ich mich durch das Stillen leergesaugt fühlte, dann musste ich da auch allein durch. Klar haben wir darüber viel geredet, aber Reden ersetzt ja keine eigene Erfahrung und Leon konnte ihr ja nun mal nicht die Brust geben. So fühlte ich mich oft, als würde ich das sowieso alles alleine rocken, ohne dass ich ihm gegenüber komische Gefühle hegte. Es war eben alles anders. Ich bin mir sicher, dass ich Leon in den ersten Wochen gar nicht richtig sehen konnte, denn mein Universum bestand nun hauptsächlich aus der Mutterrolle, diesen überwältigenden neuen Gefühlen und aus Schutz und Nahrungsquelle für meine Kleine. Damit musste ich erst mal klarkommen.

Es veränderte sich also auch unsere Partnerschaft, denn sie wurde durch eine weitere Rolle ergänzt. Wir waren nun Mutter und Vater, eine gemeinsame Elternschaft, und als Paar mussten wir uns dann erst neu finden.

Alles war anders und hatte sich zunächst verschoben. Mein Partner war plötzlich nicht mehr auf Rang 1 und die Partnerschaft war zu dem Zeitpunkt eher etwas, das nicht wirklich stattfand – und wenn ich ehrlich bin, dann glaube ich, dass es absolut so sein darf. Wir sind sicher nicht die Einzigen, die diese erste Zeit als Eltern so erlebten. Leon und ich haben schon immer ausgiebig über alles geredet. Uns voneinander und unseren Gefühlen erzählt, was wir sicherlich einmal mehr durch die Erfahrung unserer Fernbeziehung gelernt hatten. Auch wenn ich mit Emilia erst mal in ein eigenes Universum abgetaucht war, war das Band unseres Vertrauens ineinander immer da und unantastbar. Wir konnten einander sein lassen und vertrauten uns, dass alles zur richtigen Zeit seinen richtigen Platz finden würde, vertrauten dem Prozess, in dem wir uns gerade befanden.

Janas Ehemann Leon erinnert sich:

Ab der Geburt begann bei uns die Zeit eines kompletten Rollentauschs – Frau und Kind stehen an erster Stelle und ich erst dahinter. Ich kümmerte mich nur darum, dass es ihnen an nichts fehlte, wobei ich natürlich noch großartige Unterstützung von Janas Mama und ihrer besten Freundin hatte.

Das Wochenbett war für mich eine ziemlich entspannte Zeit, kann ich sagen. Wir haben alle zusammen viel gekuschelt, wobei Jana und Emilia auch viel zusammen geschlafen haben, während ich dann Zeit für mich alleine hatte. Neben dem, was ich für die beiden erledigte, verbrachte ich auch noch viel Zeit mit unseren tollen damaligen Nachbarn, Jana und ich schauten zusammen Serien und ich spielte Videospiele und Fußball. Trotzdem war ich aber fast immer zu Hause und auf Abruf, falls Jana mich brauchte. Natürlich verbrachte ich auch viel Zeit mit Emilia und konnte mich gar nicht sattsehen an ihr, allerdings war die Zeit für Jana wesentlich intimer mit ihr. Ich konnte das auch total verstehen und akzeptieren.

Ich habe immer gesagt, dass ich mir das gar nicht vorstellen kann, was diese beiden jetzt wohl fühlen. Auf der einen Seite Emmi, die über mehrere Monate in Janas Bauch herangewachsen und auf einmal draußen war. Sie wird angefasst, trägt Klamotten, atmet Luft, hört neue Dinge. Auf der anderen Seite Jana, in der dieses neue Leben gewachsen war, und auf einmal liegt es auf ihrem Arm. Jana hatte durch die Geburt natürlich unglaubliche körperliche und psychische Strapazen durchlebt. Hinzu kam die neue Rolle als Mutter und das Stillen, was absolutes Neuland für sie war, die hormonelle Umstellung. Ich meine, das muss man sich mal vorstellen: In dem Bauch war bis vor Kurzem noch ein Lebewesen gewesen, das ernährt und beschützt worden war und unglaublich viel Platz eingenommen hatte. Plötzlich ist dieses Kind weg und der Körper hat ein großes Loch zu füllen. Die Organe haben wieder mehr Platz und können an die alte Position zurückwandern etc. Durch die Schwangerschaft war ich richtig fasziniert vom menschlichen, vor allem vom weiblichen, Körper und davon, wozu der alles imstande ist.

Natürlich ist Emilia auch meine Tochter, aber ich hatte auf keinen Fall die gleiche Bindung zu ihr wie Jana in dieser ersten Zeit. Ich glaube, dieser Gedanke und diese Faszination waren die Hauptgründe, warum ich mich niemals schlecht oder vernachlässigt fühlte. Es war wichtig, dass die beiden erst mal diese unglaublich besondere Situation zusammen verarbeiten konnten. Ich hatte natürlich auch mehr Verantwortung, war jetzt Familienvater und kümmerte mich um unsere Hündin Molly.

Auf der anderen Seite hatte ich noch mein normales Leben und ich weiß noch, dass es kurz eine Situation gab, in der ich frustriert war. Ich hatte natürlich noch meine Freunde, die etwas unternehmen, feiern oder etwas trinken gehen. Es gab eine kurze Zeit, ungefähr 2 Wochen, in der sich unglaublich viele Ereignisse häuften: Geburtstagsfeiern, coole Partys, große Treffen mit all meinen Jungs, Mannschaftsfeiern etc. Ich wusste, dass ich nicht überall teilnehmen konnte, was auch okay war. Aber so viele besondere Ereignisse in so kurzer Zeit und ich konnte nicht mit, weil ich zu Hause sein wollte und sollte, weil wir eben ein Neugeborenes hatten. Ich fühlte mich schlecht, weil ich das Gefühl hatte, alles zu verpassen. Ich wusste um meine Verantwortung und wusste auch, dass ich zu Hause sein sollte. Wenn es mal eine Party gewesen wäre, die ich verpasst hätte, wäre das überhaupt kein Problem gewesen. Allerdings häuften sich dann diese ganzen Ereignisse, von denen ich natürlich dann auch immer Bilder und Videos zugeschickt bekam. Ich sah, dass meine Freunde Spaß hatten, und ich konnte nicht dabei sein – das frustrierte mich etwas. Aber natürlich blieb ich zu Hause.

Das Gefühl, etwas zu verpassen, legte sich dann allerdings auch recht schnell wieder, als Corona in unser aller Leben stieß und der erste Lockdown folgte.

Das Wochenbett war somit eine sehr besondere Zeit, da sich alles für uns veränderte, aber gleichzeitig war es auch eine Zeit des Rückzugs. Wenn man es mit einem Film vergliche, dann spielten Jana und Emilia die Haupt- und ich nur eine Neben-rolle, was völlig in Ordnung war. Mir war diese Rolle ganz recht, denn es war sehr viel auf einmal. Um ehrlich zu sein, konnte ich durch die vielen Pausen durchatmen und klarkom-men. Ich meine, Jana und ich hatten Leben erschaffen! Hallo? Wie krass ist das denn? Und dieses Kind ist jetzt für immer Teil unseres Lebens und wird Jana und mich bis ans Lebensen-de verbinden, egal was passiert. Wir sind jetzt Eltern und unse-re Aufgabe ist es, dieses Kind zu schützen und großzuziehen. Bei diesen ganzen Gedanken qualmte mir schon mal der Kopf, weshalb die Pausen ganz gut zum Abkühlen waren.

Die Schwangerschaft bedeutete Wachstum, bedeutete Verände-rung – und ebenso war es im Wochenbett. Bevor ich es selbst er-lebte, hatte ich nicht sonderlich viel über diese magische Zeit nach der Geburt gewusst, vor allem nicht über ihre so große Bedeutung. Ja, sie war magisch und gleichzeitig die größte emotionale Achter-bahnfahrt meines Lebens. Aber vielleicht war es gerade das. Ich hatte bereits von hormonellem Chaos gehört, klar. War mir darüber bewusst, dass der Körper seine Zeit zum Heilen braucht und dass sich sicherlich das eine oder andere verändern wird, wo wir ab dem Zeitpunkt doch Eltern sein würden. Doch ich hatte keine Ahnung, wie gigantisch es dann werden würde. Wie groß, wie bedeutend und wie einschneidend dieses Wochenbett sein würde – sowohl für Leon als auch für mich.

Fast exakt 3 Wochen nach der Geburt legte sich plötzlich ein Schalter bei mir um. Ich bekam das Bedürfnis, aus unserer Bubble etwas hinauszutreten, meine Augen wieder für das zu öffnen, was um uns herum war. Meine Welt brauchte nicht mehr stillzustehen, wir waren zu dritt in unserer neuen Welt angekommen.

Wir sind beschützt.

Der Schlüssel zum Glück

Nicht nur meine eigene Erfahrung, auch die Wissenschaft kann es bestätigen: Dankbarkeit ist der Schlüssel zum Glück. Wer achtsam, bewusst und dankbar durchs Leben geht, empfindet nachweislich mehr Glück. Durch das Bewusstwerden und Festhalten von Dankbarkeit erkennen wir meistens erst, wie gut wir es im Leben haben. Dankbarkeit hilft uns also dabei, den Fokus auf das zu lenken, was schon da ist, und davon noch mehr in unseren Alltag zu ziehen.

Werde mit den nachfolgenden Tipps aktiv und probiere es selbst aus!

- **Schreib ein Dankbarkeitstagebuch!** Notiere dir jeden Abend drei bis fünf Dinge, für die du an dem Tag dankbar bist.

- **Überraschend dankbar:** Beschrifte kleine Notizzettel mit den Dingen im Leben, für die du gerade dankbar bist. Hänge sie überall in der Wohnung auf und überrasche dich dabei selbst. In Schubladen oder Schränke geklebt, werden sie dir die nächsten Wochen ein Lächeln ins Gesicht zaubern.

- **Teile Dankbarkeit mit anderen!** Wann hast du zuletzt den Menschen in deinem Leben gesagt, wofür du ihnen dankbar bist? Ob Freund*innen, Familie oder Arbeitskolleg*innen – mit persönlichen Worten, einem Brief oder Geschenk teilst du deine Dankbarkeit.

- **Sei dir dankbar!** Vielleicht ist es an der Zeit, dir selbst einmal „Danke" zu sagen? Du hast schon so viel im Leben geschafft. Stell dich vor einen Spiegel und bedanke dich für all die Entscheidungen, die gemeisterten Herausforderungen und Prüfungen.

Mein perfektes Wochenende!

———

Fang wieder an zu träumen und stell dir vor, wie es wäre, wenn du an einem Wochenende keinerlei Einschränkungen oder Verpflichtungen hättest! Wann stehst du auf, wer umgibt dich, was würdest du unternehmen? Schlaf, Ruhe, Action oder Kreativität – was erfüllt dich?

Freitag

_____

_____

_____

Samstag

_____

_____

_____

Sonntag

_____

_____

_____

Welche Bedürfnisse und Werte stehen hinter deinen Planungen? Wie möchtest du dich fühlen und was soll es dir geben?

_____

_____

_____

Was kannst du heute schon in deinem Alltag tun,
um diese Bedürfnisse und Werte zu leben?

_____

_____

_____

Welche kleinen Vorhaben möchtest du davon in Zukunft
in die Realität umsetzen?

_____

_____

_____

Wer kann dir dabei helfen oder dich unterstützen,
in die Umsetzung zu kommen?

_____

_____

_____

Gefühle

Sie sind das Kernelement, das unser Leben ausmacht:
Gefühle. Viel zu oft verurteilen wir sie jedoch und ordnen sie in
die Kategorien positiv oder negativ ein. Dabei vergessen wir,
dass alle Gefühle einen Platz in uns haben dürfen und dazu
da sind, unser Leben intensiver zu spüren.

Gefühle …

… sind nicht gut oder schlecht.

… sind echt, aber nicht immer wahr.

… sind keine Fakten.

… kommen und gehen.

… definieren dich nicht.

… ermöglichen einen Lernprozess.

… sind zum Fühlen da.

Entspannung durch Atemarbeit

Wann hast du das letzte Mal bewusst ein- und ausgeatmet? Mir haben Atemtechniken dabei geholfen, mich zu entspannen und mich mit meinem Körper zu verbinden. Das Gute daran ist, dass du gar nicht viel benötigst, außer ein paar Minuten Zeit und bestenfalls einen ruhigen Ort. Das kontrollierte Atmen sorgt dafür, dass dein Gehirn mit einer ordentlichen Portion Sauerstoff versorgt wird. Du kommst in deinem Körper an und kannst bestenfalls etwas entspannen. Hier ist eine kleine Anleitung für dich, wie du dabei vorgehen kannst:

- Wenn du möchtest, mach dir entspannte Musik an oder nutze einen (Noise-Canceling-)Kopfhörer.

- Mach es dir im Sitzen bequem und achte darauf, dass du aufrecht sitzt. Lege eine Hand auf deinen Bauch.

- Atme dreimal ganz tief durch die Nase ein und durch den Mund wieder aus.

- Zähle bei deinen weiteren Atemzügen beim Einatmen langsam bis 3 und fühle mit deiner Hand, wie sich deine Bauchdecke hebt.

- Halte deinen Atem für 4 Sekunden an.

- Zähle beim Ausatmen ebenfalls bis 3 – der Bauch senkt sich wieder.

- Atme in dieser Geschwindigkeit ungefähr zehnmal weiter und achte bei jedem Ein- und Ausatmen ganz bewusst auf Emotionen, die hochkommen könnten. Wenn du mit deinen Gedanken abschweifst, versuche, dich immer wieder auf deinen Atem zu konzentrieren.

- Versuche, deinen gesamten Körper zu spüren. Spürst du vielleicht ein leichtes Kribbeln?

KAPITEL 6

Neue Rollen
UND DAS UMFELD

Liebes Tagebuch,

mit der Schwangerschaft bin ich in ein neues Leben hineingeboren worden. In neue Rollen, einen neuen Alltag. Mir begegnen neue Herausforderungen, kleine und große Hürden, ich muss lernen, mehr für mich einzustehen. Mir ist wieder bewusst geworden, dass das Leben ein einziger Wandel ist, und ich habe mich selbst neu entdeckt.

Ich wurde jung schwanger – jedenfalls empfanden es viele Menschen in unserem Umkreis als außergewöhnlich jung, wohingegen uns der Zeitpunkt ideal erschien. Biologisch gesehen war ich mit meinen 23 Jahren ja sogar in der absoluten Blütezeit meines Lebens. Ich fühlte mich reif, bereit und wusste nicht, wieso ich für diese Aufgabe zu jung sein sollte. Wir wollten aus tiefstem Herzen eine Familie gründen, fühlten uns bereit für neue Aufgaben, einen neuen Lebensabschnitt. Wir lieben uns, hatten ein schönes, warmes Zuhause und Jobs, in denen wir uns sehr wohlfühlten. Unser Nest war bereit. Wir waren bereit, ja, und das, ohne auch nur ansatzweise eine Ahnung von dem zu haben, was auf uns zukommen würde. Doch die kann niemand haben, der zum allerersten Mal Eltern wird. Es ist egal ob man mit 20 oder 40 Jahren zum ersten Mal Mutter wird. Fakt ist, wir werden es alle zum ersten Mal. Es ist ganz gleich, wie viele Bücher du über Schwangerschaft, egal wie viele Ratgeber für Eltern du liest. Es spielt auch keine Rolle, wie viele deiner Freund*innen bereits Kinder haben und wie sehr du meinst, eine Ahnung von dem zu haben, was da auf dich zukommen wird. Diese Gefühle erlebst du zum ersten Mal, egal wie alt du bist. Die Verantwortung für ein eigenes Kind, das auf dich angewiesen ist, das deinen Alltag kunterbunt und chaotisch macht, die trägst du zum ersten Mal. Hast du jemanden, der das mit dir erlebt, werdet ihr als Paar auch erst dann verstehen, wie sehr sich eure Partnerschaft verändern kann, wenn ihr nicht mehr nur zu zweit seid und gemeinsam die Verantwortung für so ein kleines, zauberhaftes Wesen tragt. Schwangerschaft, Geburt und eure neuen Rollen als Eltern sind der Start einer großen, aufregenden Reise, die wohl niemals enden wird.

Unsere Partnerschaft veränderte sich bereits mit Beginn der Schwangerschaft, dem Beginn dieser Reise und einer unglaublich spannenden Wandlung. Wir tauchten in völlig neue Gedankenwelten ab, beschäftigten uns mit neuen Themen und gingen beide völlig unterschiedlich mit der neuen Situation um. Natürlich veränderte sich auch unser Sexualleben: Zum Anfang der Schwangerschaft plagte mich diese furchtbare Übelkeit und die Lust war mit wachsendem Bauch einfach eingeschränkter. Sie war nicht gar nicht mehr vorhanden, sondern eben, na ja, eingeschränkt. Einige Frauen empfinden während der Schwangerschaft große sexuelle Lust, andere wiederum gar nicht, und beides ist völlig okay und völlig normal.

Mit der Geburt endete diese unfassbare Reise der Wandlung jedoch nicht, vielmehr nahm sie dann so richtig Fahrt auf und stellte unsere Partnerschaft noch mal grundlegend auf den Kopf. Ein neuer, kleiner, winziger, zuckersüßer Mensch nahm unsere gesamte Energie, unsere gesamte Welt ein, in der es erst einmal keinen Platz für Partnerschaftlichkeit oder gar Zweisamkeit gab. Unsere Tochter bestimmte unseren Alltag und das Maß an Zeit, das wir für andere Dinge zur Verfügung hatten. Das war nicht schlimm, im Gegenteil fühlte es sich sogar genau richtig an. Alles im Leben hat seine Zeit. Diese ganz besondere Zeit galt dem Kennenlernen unserer kleinen Maus, dem Einfinden in unsere neue Rollen, der

Heilung, der Ruhe. Es stellte für uns zunächst keine Herausforderung dar, dass wir als Paar nun nicht mehr wirklich existierten. Es war nicht schlimm, weil wir vertrauten, dass sich alles einfach fügen würde. Vielmehr waren wir Eltern, ein Team, eine Wohngemeinschaft und Freunde, die sich Halt gaben. Natürlich war unsere Liebe niemals weg. Aber sie wurde auf ein ganz neues Level gehoben, ebenso wie dieses tiefe, reine Vertrauen ineinander. Unsere Partnerschaft wurde auf eine nächste Ebene gehoben, obwohl sie kurzzeitig für uns irgendwie gar nicht existent war.

Auch nach dem Wochenbett war es anders, denn den Alltag und auch die Zeit, dir ihr euch als Paar nehmen könnt, bestimmt von nun an vor allem euer Kind – und auch, wenn es irgendwann nicht mehr ausschließlich von euch betreut wird, so können immer mal ein Zahn, ein Schub, Bauchschmerzen oder ein oller Schnupfen dazwischenkommen und euren so mühsam aufgebauten Alltag durchkreuzen – und auch das ist so was von absolut okay.

Ich stillte unsere Tochter rund 20 Monate lang. Es war eine Zeit, die mich so voll und doch so leer gemacht hat. Stillen war für mich mit das Schönste, das ich jemals erleben durfte, etwas so Natürliches, Faszinierendes und Intimes. Gleichzeitig war es unfassbar fordernd, raubte mir zeitweise den letzten Rest Energie und brachte mich weit über Grenzen hinaus, die ich so vorher nicht gekannt hatte – körperlich und emotional. Manchmal saugte meine Tochter mir gefühlt alle Lebensgeister aus.
In all dieser Zeit war meine Brust kein sexueller Teil meines Körpers. Sie war für mich rein sexuell betrachtet nichts anderes als meine Arme, mein Bauch, meine Beine. Ich habe sie vor jedem, überall und zu jeder Zeit rausgeholt, um mein Kind zu nähren – und genau das war sie für mich. Die Brust war Nahrung für mein

Kind, obwohl sie eigentlich noch so viel mehr war als das. Sie schenkte Nähe, Vertrauen, Ruhe und Liebe und ich sah keinen Unterschied darin, meinem Kind in der Öffentlichkeit die Flasche zu geben oder eben die Brust – auch wenn ich weiß, dass leider nicht viele Menschen so denken. Es war mir egal, weil es für mich so natürlich und normal ist.

Neben dem Stillen waren die Nächte mit ihr in ihrem ersten Lebensjahr … brutal. Leon und ich haben größtenteils in getrennten Zimmern geschlafen, damit er in der Nacht ruhen konnte und am Tag fitter war, damit ich am Tag wieder etwas zu Kräften kommen konnte. Ich habe sie auch nachts gestillt, in manchen Phasen sogar 5 oder 6 Stunden lang. Ich hatte sie permanent an mir kleben, ob an der Brust oder in der Trage, und war so gesättigt von dieser besonderen Nähe. Ich brauchte darüber hinaus einfach kaum weitere körperliche Nähe, vielmehr war mir oftmals jeglicher äußerer Reiz zu viel. Ich war also eher froh, wenn ich mal alleine war, Ruhe hatte – und so war auch das eine große Veränderung in unserer Beziehung. Ein wichtiger Part unserer Beziehung – unsere Sexualität – wurde zeitweise „on hold" gesetzt. Nein, sie war auch hier nicht völlig ausgestorben, aber es war natürlich ganz anders als zuvor. Denn wenn wir mal Intimität genießen konnten, so wurde diese nicht selten durch einen lauten Schrei aus dem Babyphone schlagartig zerstört.

Reden, das war es, was unsere Beziehung immer und immer wieder stärkte und uns nie zweifeln ließ. Wir redeten immer und über alles – in unserer Fernbeziehung als Paar ohne Kind und nun auch als Eltern. Wenn einer Person in der Partnerschaft die Nähe zu viel wird, dann sollte sie das unbedingt ansprechen, damit die andere Person sich dadurch nicht ausgegrenzt oder vielleicht übersehen fühlt. Es ist bei allem immer wichtig, die eigenen Bedürfnisse dem Partner oder der Partnerin zu kommunizieren, denn nur so haben wir eine Chance, einen Einblick in die Welt unseres Gegenübers zu erhalten. Wir können ja keine Gedanken lesen. In einem Gespräch nimmst du nicht nur deine*n Partner*in mit in das, was dich beschäftigt, sondern der Austausch kann auch manches Mal die eigene Gedankenwelt neu sortieren. Man kann also gemeinsam Lösungen schaffen und vor allem das Mitgefühl für den anderen stärken. Es geht hier also nicht darum sich zu rechtfertigen, sondern eine gemeinsame Basis zu schaffen und zu erhalten.

Besonders bei dem Thema Sex sollten wir immer auf unsere eigenen Bedürfnisse hören. Wir sollten uns immer trauen, zu sagen, wenn uns nicht danach ist, und darüber hinaus niemals Angst haben, dass das der Partnerschaft schaden könnte. Besonders bei so was Intimem und Persönlichem sollte sich niemand aus eigenem oder äußerem Druck zu etwas gezwungen fühlen, um sein Gegenüber bloß nicht zu verlieren – egal ob man schwanger, Mutter oder Vater oder auch weit von Beidem entfernt ist.
Besonders nach der Geburt solltest du dich nie, nie, niemals unter Druck gesetzt fühlen, so schnell wie möglich wieder Sex haben zu müssen, damit dein Partner oder deine Partnerin befriedigt wird. Es ist ganz gleich, ob du Wochen oder Monate brauchst, um dich wieder bereit zu fühlen, denn es ist dein Köper. Sexuelle Lust und auch die Bereitschaft, nach einer Geburt wieder eine solche Intimität zuzulassen, ist völlig individuell. Ich habe mich damit beispielsweise zu Beginn sehr schwergetan, weil ich tatsächlich Angst hatte, dass es schmerzen könnte, auch wenn meine Geburtswunden längst verheilt waren. Obwohl die Geburt so schön gewesen war, waren die Wunden in gewisser Weise traumatisierend, sie machten mich verletzlich. Ich fühlte mich schlichtweg verwundet. Also nahm ich mir die Zeit und redete immer und immer wieder mit Leon über meine Gefühle und Ängste, bis ich bereit war. Er setzte

mich zu keiner Zeit unter Druck oder gab mir das Gefühl, falsch zu sein. Vielmehr stärkte er mich durch all sein Verständnis und sein Vertrauen. Kleiner Hint: Es tat kein bisschen weh und war wunderschön, ihm wieder so nah zu sein, denn ich ließ mir tatsächlich so lange Zeit, bis ich es wirklich wieder wollte.

Als junge Eltern wurden wir in vielerlei Hinsicht nicht ernst genommen; weder unser Kinderwunsch noch die Schwangerschaft, die in so einem Alter ja nur ungewollt daherkommen kann, wo doch heute die Karriere besser an erster Stelle stehen muss. Und die Sicherheit, um die so viele bangen! Ich frage mich immer, von welcher Sicherheit die Menschen reden. Man soll ja schließlich „immer etwas in der Hand haben", ein Spruch, der mir von klein auf beigebracht wurde. Etwas in der Hand haben. Aber was kann ich jemals wirklich sicher in der Hand haben? Den sicheren Arbeitsplatz, der mir aber trotzdem plötzlich gekündigt werden kann? Der sichere Großkonzern, den es schon Jahrzehnte gibt, in dem dann Tausende Stellen abgebaut werden, wenn die Führung wechselt? Die Rentenpunkte, die wir sammeln, von denen wir niemals wissen können, wie viel wir davon wieder rausbekommen? Oder steht die Ehe für Sicherheit, wo doch jede Beziehung, egal wie lange sie schon Bestand hat, egal ob es Unterschriften auf einem offiziellen Dokument gibt, irgendwann scheitern kann? Es gibt keine Sicherheit auf dieser Ebene, weil wir niemals alles kontrollieren können, was im Leben passiert. Du wirst niemals die absolute Sicherheit haben, aus deiner Geldanlage irgendwann wirklich die Lorbeeren zu ernten, weil dir niemand versprechen kann, wie es in x Jahren aussehen wird. Inflation, Währungsreform. Niemand weiß es, niemand kann in die Zukunft schauen.
Der Drang nach Sicherheit entstammt ja irgendwie einer Angst, die ich sehr gut nachfühlen kann. Oh, wie ich schon mit

Zukunftsängsten zu kämpfen hatte, Sorgen um meine Existenz hatte, weil ich mal wieder glaubte, vielleicht doch nichts „in der Hand zu haben". Aber die absolute Sicherheit, die, an der nicht zu rütteln ist, die schlummert in dir und nur in dir.

Irgendwie ist das Leben doch wild und gefährlich. Wenn wir immer den vermeintlich sicheren Weg wählen und es nie wagen, mal einen Schlenker zu machen, auszureißen, wenn uns danach ist, vergessen wir schnell, unser Leben auch zu leben. Mit ErLEBnissen zu füllen. Erfahrungen zu machen. Uns auszuprobieren, egal was andere darüber denken. Ich finde, die einzige wirkliche Regel hier ist: Was du nicht willst, das man dir tu, das füg auch keinem anderen zu. Mit meinen Worten: Lebe wild und gefährlich, sei nicht berechenbar, unkonventionell, neugierig auf alles und dabei nicht nur achtsam und wertschätzend dir selbst gegenüber, sondern achte auch darauf, dass niemand aufgrund deiner Lebensweise Schaden nimmt, verletzt, ausgebeutet, verurteilt wird.

Unser Lebensstil war für viele Menschen in unserem Umkreis total unverständlich. *„Ihr seid richtige Ausreißer aus der Familie, ihr macht irgendwie einfach alles anders und eben nicht normal!"* Unser Leben hat nicht in das Bild der Gesellschaft gepasst, wo es sich doch meistens um diese ideale Abfolge handeln sollte: vom Kindergarten über die Grundschule zur weiterführenden Schule, am besten sattelt man mit einer Ausbildung, einem Studium auf, sammelt dann ordentlich Rentenpunkte, klettert die Karriereleiter hinauf, um dann irgendwann, wenn man den Höhepunkt der Karriere als Frau erlebt hat, ein Kind dazwischenzuschieben, dann weiterzumachen und irgendwann in Rente zu gehen. Ich finde an diesem Bild absolut nichts Verwerfliches, da es für einige vielleicht absolut der richtige Weg ist – nur ist das einfach nicht für jeden der Fall.

Es fing schon damit an, dass ich, statt einer Ausbildung oder einem Studium nachzugehen, wo doch meine Abschlussnote so gut war, einfach die Selbstständigkeit wählte. Social Media Creator – ein Beruf, den es so damals noch nicht wirklich gab und heute zu einem der am wenigsten anerkannten Berufe Deutschlands zählt. Kaum jemand versteht oder will diesen Beruf vielleicht sogar verstehen; für die wenigsten Menschen hat er Bestand, wo es doch das Internet eines Tages nicht mehr geben könnte. Niemand sah die Arbeit hinter all dem, den Fleiß und den Preis, den ich dafür zahlte, um in diesem Job erfolgreich zu sein. Anerkennung fand ich bei dem Großteil meines Umfelds erst dann, als es sah, was ich mir durch meinen Beruf alles ermöglichen konnte. Unser Lebensstil hat das gesellschaftliche Bild vieler Menschen in unserem Umkreis angekratzt, wobei das Unverständnis dann noch größer wurde, als Leon mit seinem abgeschlossenen Masterstudium genau den gleichen Weg einschlug wie ich, statt „einem richtigen Beruf nachzugehen", der mehr Sicherheit schenken könnte.

Wir hatten nie einen normalen Alltag, hatten nie normale Arbeitszeiten, reisten um die Welt, sahen Orte, von denen wir bereits als Kinder geträumt hatten – und entschieden uns dann auch noch in einem vermeintlich jungen Alter, Eltern zu werden. Das ist ja verrückt. Stimmt, kann ich da nur sagen. Ver-rückt. Wir machen es einfach anders, und zwar auf unsere Weise, und wir fühlen uns gut damit. Sollte sich das einmal ändern, dann ändern wir diese Lebensweise und machen einfach was anderes. Garantien gibt es doch sowieso für nichts.

Der Wandel, der mit der Schwangerschaft in unser Leben eingezogen war, spiegelte sich auch in unserem Freundeskreis wider. Diese Veränderung konnten wir wohl am besten an der Gästeliste unserer Hochzeit erkennen, die wir 1½ Jahre nach der Geburt unserer Tochter zelebrierten. Es sollte der Tag werden, an dem wir uns feierten, unsere Liebe, unser Leben. Deshalb fragten wir uns schnell, ob wir Person XY wirklich einladen möchten, nur weil wir uns schon lange kennen und vielleicht eine grandiose Jugend zusammen erlebt hatten – auch weil wir bereits seit Jahren nur noch eher selten Kontakt über WhatsApp gepflegt hatten. Wir entschieden uns für den kleinsten Kreis, für die Menschen, die über die Freundschaft hinaus für uns Familie bedeuten. Menschen, bei denen wir ganz sicher wissen, dass sie unseren innersten Kern mögen, und vor denen wir uns nicht verstellen müssen, nicht aufpassen müssen, was wir sagen.

Natürlich fühlten sich einige vor den Kopf gestoßen, was ich irgendwie auch nachempfinden kann, wobei, na ja, irgendwie aber auch nicht. Wenn man schließlich bereits seit Jahren kaum Kontakt hatte und aus dem Leben des jeweils anderen überhaupt nichts mehr mitbekommt, wieso sollte man dann zu einer solchen intimen Feier gehen?

Die Menschen in unserem Leben sind Weggefährten. Die meisten begleiten uns nur eine gewisse Zeit lang, vielleicht für ein oder zwei Kapitel unseres Lebens. Einige begleiten dich von Geburt an, bis sie selbst irgendwann diese Erde verlassen, und manch andere gehen mit dir ab einem bestimmten Zeitpunkt bis an dein Lebensende. Wir alle verändern uns permanent, ja, so ist sogar die Veränderung die wahrhaftig einzige Konstante in unserem Leben. Der Wandel. Er ist das Einzige, was für immer bleiben wird. Du veränderst dich, deine Interessen ändern sich, deine Lebensumstände, dein Job, deine Beziehungen – und so ändert sich auch das Leben der Menschen um dich herum permanent. Da kann es durchaus vorkommen, dass irgendwann einfach keine gemeinsame Basis mehr da ist, kein gemeinsamer Nenner, und so die letzten Berührungspunkte verschwinden. Das ist der Lauf der Dinge und je eher man aufhört, an alten Vorstellungen von etwas festzuhalten, desto eher schafft man es, wieder im Hier und Jetzt anzukommen.

So verändert sich oftmals unser Freundeskreis, wenn wir für ein Studium, den Job, die Ausbildung in eine andere Stadt ziehen. Logischerweise suchen wir uns auch dort Menschen mit den gleichen Interessen. Und so ist es eben auch, wenn wir in dieses so faszinierende Schwangerschaftsuniversum abtauchen. Das bedeutet nicht, dass wir dann nur noch mit Schwangeren befreundet und alle Kinderlosen Geschichte sind – aber an diesem Punkt verliert sich manchmal einfach die gemeinsame Basis zwischen Menschen, die sich in völlig anderen Lebensabschnitten bewegen. Wir haben viele, viele alte Wegbegleiter*innen losgelassen und neue Menschen auf unserer Reise durch das Leben kennengelernt. Genauso gibt es aber auch noch ganz besondere Wegbegleiter*innen, die trotz völlig verschiedener Lebensumstände immer Teil unserer Reise waren – so auch meine beste Freundin Lulu. Sie war immer da – auch wenn sie im ersten Lebensjahr von Emilia wohl mehr Mädelsabende mit Leon alleine auf dem Sofa verbrachte als mit mir, weil ich teilweise halbstündlich zu unserer Kleinen musste, um sie wieder in den Schlaf zu wiegen. Sie kam immer wieder zu Besuch, auch wenn ich das ein oder andere Mal aus purer Erschöpfung einfach einschlief, mal neben ihr, mal im Bett von unserer Tochter, nachdem ich sie endlich wieder in den Schlaf bekommen hatte. Lulu war da, auch wenn es mich zu Beginn meines neuen Lebens als Mutter selten oder eher nie alleine, sondern immer im Doppel- oder Familienpack gab. Ja, solche besonderen Freund*innen gibt es. Menschen, die dich, deinen wahren Kern sehen. Und es gibt Menschen, die dich irgendwann nicht mehr sehen können oder es nie getan haben.

Nun, wo ich in die Rolle der Mutter geschlüpft war, musste ich sehr sorgfältig überlegen, wie ich mein Energielevel im Gleichgewicht halten kann. Ich musste einmal mehr lernen, Nein zu sagen. Nein zu den Dingen, die mir nicht guttun, zu Dingen, die mir zu viel wurden, zu dem, was mir an manchen Tagen mehr Energie raubte, als mir welche zu geben.

Wenn du Ja sagst und innerlich Nein fühlst, dann verrätst du dich doch selbst. Du gehst über deine eigenen Energiereserven, hängst dein Fähnchen in den Wind und lässt die anderen über die Richtung bestimmen. Ja zu sagen, obwohl du Nein fühlst, bedeutet nicht, loyal gegenüber anderen zu sein. Verwechsle das also nicht mit Loyalität, wenn du immer bereit bist, dich selbst zu verbiegen, mit einem leisen „Ja" zustimmst und sich in dir drin der Magen umdreht. *„Das kannst du doch noch eben für mich tun." „ Also die solltest du auf jeden Fall auch einladen, das gehört sich so. Ist doch schließlich Familie."* Nein zu sagen, erfordert Mut und Vertrauen in dich selbst, schließlich könnte dir durch ein Nein die Anerkennung oder das Verständnis der anderen fehlen. Ich kenne die Angst, andere zu verlieren, wenn man sie vor den Kopf stößt, jedoch frage ich mich dann immer, auf welcher Basis diese Beziehung beruht. Dein Nein sollte dein Gegenüber nicht persönlich nehmen, schließlich ist es kein „gegen dich", sondern ein „für mich".

Erlauben wir uns also an allererster Stelle ein klares und ehrliches JA zu uns selbst. Ich weiß, dass das für ganz ganz viele von uns ein riesiges Problem darstellen kann, wo wir doch oft gelernt haben, anderen gefallen zu müssen, um das zu bekommen, was wir wollen. Darf ich dir etwas verraten? Nein zu sagen, das tut gar nicht so weh, wie du denkst. Ist nicht ein ehrliches, liebevoll ausgesprochenes Nein denn nicht viel schöner als ein unehrliches Ja?

Welchen Mehrwert gibst du einer anderen Person, wenn du die Zeit gerade mit ihr verbringst, nur weil du sie durch eine Absage nicht enttäuschen willst, wobei du aufgrund fehlender Energie nicht mal wirklich im Jetzt stattfindest?

Ich habe damit angefangen, Nein zu sagen, für mich einzustehen, eine Verabredung abzusagen, wenn es mir einfach zu viel wird, Dinge liegen zu lassen, wenn es mich über meine Grenze bringt. Ich habe gelernt, dass der Preis zu hoch ist, wenn man ständig gegen sein eigenes Gefühl handelt, und dass es mich auf Dauer unglücklich gemacht hat. Nein zu sagen, ist nicht egoistisch, wenn du dadurch einfach nur aufrichtig bist.

Du kannst es niemals, niemals allen recht machen. Ich meine, der Großteil der Menschen kann es sich nicht mal selbst recht machen. Du lebst dein Leben nicht für andere und so solltest du es auch nicht von anderen leben lassen.

Echte Freundschaften, echte Beziehungen, die stellen keine Bedingungen an dich. Sie finden dich nicht erst dann toll, wenn du vor Energie sprudelst und die Runde zum Lachen bringst, sondern auch dann, wenn es etwas dunkel in dir ist. Wenn du so bist, wie du eben bist, dann wirst du automatisch die Menschen finden, die dich auch genau so lieben – du brauchst dich nicht hinter einer Maske verstecken, um Menschen zu gefallen. Sie können dich dahinter sowieso nicht sehen. Verbiegen wir uns immer und immer wieder, dann verlieren wir uns selbst viel zu schnell, erkennen uns nicht mehr wieder und zweifeln permanent, weil wir nur durch das genährt werden können, was wir von außen an Bestätigung erhalten. Wir sind instabil, weil wir verbogen sind, und lassen den Kopf hängen wie eine Blume, wenn niemand uns wässert.

Du wirst es nie allen recht machen, also schau genau hin. Auf dich selbst, auf das, was du wirklich fühlst. Schau auf deine Träume und grab sie wieder aus, denn es ist dein Leben und nicht das der anderen. Entdecke dich immer wieder neu, lebe wild, gefährlich und laut.

Janas Ehemann Leon erinnert sich:

Ein Thema, das mich wohl am meisten beschäftige, und zwar im negativen Sinne, war der Gedanke *„Was denken und sagen andere?"*. Dazu muss ich sagen, dass ich generell ein sehr extrovertierter Mensch bin und normalerweise nicht viel an mich heranlasse. Mich interessiert es doch eigentlich nicht, was andere über mich sagen oder denken. Denkt jemand negativ über mich, zeigt mir das einfach, auf wen ich mich verlassen kann und auf wen nicht – so hatte ich jedenfalls von mir gedacht. Eigentlich komisch also, dass mich dieses Thema nicht loslässt. Junge Eltern werden generell nicht wirklich ernst genommen und eher schief angeguckt. Das war mir allerdings auch noch egal. Bei mir ging es um den direkten Dialog mit Menschen, darum, die Reaktionen zu sehen, wenn ich jemandem erzählte, dass ich Vater werde. Und meistens hat mich mein Gefühl auch bestätigt. Sobald es zur Sprache kam und ich die Neuigkeiten erzählte, war die erste Reaktion oft ein Lachen und ich wurde angeguckt, als hätte ich einen Spaß erzählt. Dann folgte ein verwunderter Blick, das Lächeln wurde weniger und ich konnte den Leuten ansehen, dass sie immer noch dachten, es wäre ein Spaß. Ein Blick, der sagt: *„Du verarschst mich doch oder?! Das kann ja nicht sein ... oder?!"*
Natürlich hat das nie jemand ausgesprochen und sobald sie verstanden hatten, dass es doch kein Spaß war, kam erst mal ein Glückwunsch, meistens mit der darauffolgenden Frage

„War das denn gewollt?".

Am Anfang verunsicherte es mich auch wirklich und ich versuchte dann oft direkt, unsere Situation zu erklären, rechtfertigte mich sofort, indem ich erzählte, dass es ja der richtige Zeitpunkt sei, weil wir gutes Geld verdienen, in einem Haus wohnen, von zu Hause aus arbeiten und das Kind somit gut betreuen können, und dass wir deswegen früher bereit seien als andere in unserem Alter, die ja gerade erst so richtig im Job anfangen, noch nicht so viel Geld verdienen. Rückblickend betrachtet war das total unnötig, aber einfach der Gesellschaft geschuldet, die etwas anderes gewöhnt ist. Erst mal Karriere machen, Haus kaufen und dann mit Mitte 30 ein Kind … Wie du es machst, ist doch völlig egal, Hauptsache, du fühlst dich gut damit. Wenn du mit 20 ein Kind bekommen möchtest, fein, wenn du mit 40 den Wunsch verspürst, eine Familie zu gründen, dann go for it. Ich verstehe nur einfach nicht, wieso alle Menschen, die etwas anders machen als das „Normale", verurteilt werden.

Mittlerweile bin ich auch definitiv an meiner Rolle gewachsen, bin selbstbewusst und stolz auf meine bezaubernde Tochter und meine wunderschöne Familie. Inzwischen erwarten wir ja sogar schon unser zweites Kind. Klar, es gibt immer mal Momente, in denen ich mich frage, wie es jetzt ohne Kind wäre, was wir alles hätten machen können, dieser wenige Schlaf killt mich … Aber immer, wenn ich in die Augen meiner wunderschönen Tochter blicke oder ein Bild von ihr sehe, weiß ich, dass alles genau richtig ist und ich noch nie so eine Liebe für jemanden empfunden habe. Generell ist die Zeit komplett egal. Egal wie alt wir sind, egal in welchem Lebensabschnitt wir uns befinden, was wir gerade durchmachen, es wird immer Momente geben, an denen wir mal nicht mehr können, an denen wir fertig und kaputt sind.

Menschen müssen endlich aufhören, andere zu verurteilen, nur weil diese nicht ins eigene Weltbild passen, was sowieso absurd ist, weil man Menschen niemals in ein Schema pressen kann. Leben und leben lassen.

Diese Fragen und Diskussionen ziehen sich ja generell wie ein roter Faden durch unser Leben, ob zum Thema Schwangerschaft oder auch zum Thema Job. Wie häufig werden wir gefragt, was wir denn wirklich beruflich machen und ob wir denn überhaupt studiert oder eine Ausbildung gemacht hätten. Eigentlich ist es egal, aber ich kann von mir ja sogar sagen, dass ich bereits einen Bachelor- und Masterabschluss in der Tasche habe, was Menschen häufig „beruhigt", im Sinne von „ja, wenigstens etwas". Und auch hier war am Anfang immer die Erklärungsnot groß, ich musste mich beweisen, dass es gut und das Richtige ist. Bullshit, ich muss niemandem was beweisen. Hauptsache, ich habe Spaß an der Sache und bin glücklich mit meiner Situation.

Mit unserem ungewöhnlichen Lebensstil ecken wir oft an und sind Ausreißer, aber genau das liebe ich so an uns. Wir sind anders und machen Dinge anders als andere. Wir machen, was wir wollen und setzen einen dicken Haufen auf alle negativen Einflüsse. Ein schon veraltetes Jugendwort, das ich trotzdem noch häufig benutze, ist YOLO – You Only Live Once. Denn genau so ist es. Feiere und genieße dein Leben, denn du lebst nur einmal und solltest das Beste daraus machen.

Entdecke dich immer wieder neu,
lebe wild, gefährlich und laut.

Deine innere Heldenrunde

———

Du stehst vor einer Herausforderung oder findest es schwierig, eine Entscheidung zu treffen? Wie praktisch wäre es, wenn du die Chance hättest, deine inneren Helden JETZT gesammelt in einer Stuhlkreisrunde nach ihrer Meinung zu fragen? Die Idee dahinter: Ein Perspektivenwechsel kann dir ganz neue Sichtweisen auf deine Herausforderung geben.

1. Ruf deine Helden zusammen!
In deiner Fantasie ist alles möglich – ob Albert Einstein, deine beste Freundin, deine Mutter oder dein Zukunfts-Ich.

2. Was würden meine Heldenmitglieder tun?
Stell deine Frage in die Runde und schildere deine Herausforderung. Schließ die Augen und stell dir vor, wie sie dort sitzen, dir zuhören und dir der Reihe nach ihre Meinung und ihren Rat schenken.

3. Ein Level weiter!
Intensiviere das Gedankenspiel und frag dich, was sie an deiner Stelle tun würden, wenn sie genügend Zeit, aber kaum Geld hätten – oder keine Zeit, dafür aber ausreichend Geld. Was würden sie tun, wenn sie keine Angst hätten?

4. Spüre nach!
Du hast nun die Meinungen und den Input deiner inneren Helden gehört. Was hast du dadurch erfahren? Vielleicht wirst du merken, dass es für deine Herausforderung viele Lösungswege gibt? Mit welchem Input fühlst du dich am wohlsten? Wie wirst du deine Entscheidung treffen?

Grenzen setzen

———

Wenn du überfordert bist, ist es absolut in Ordnung, wenn du …

… nicht alles schaffst.

… eine Verabredung absagst.

… „Nein" sagst.

… den Anruf nicht entgegennimmst.

… nicht direkt antwortest.

… deine Meinung änderst.

… für dich einstehst.

… dich an erste Stelle setzt.

… nichts tust.

… eine Pause machst.

… andere um Hilfe bittest.

Positive Botschaften
an dich selbst

———

Was auch immer passiert, jeder Tag ist ein Neuanfang.

Ich habe schon so viel geschafft.

Ich bin einzigartig und ein Wunder.

Es ist immer alles gut gegangen.

Ich nehme mir Zeit für mich und meine Bedürfnisse.

Ich bin da, wo ich sein will.

Heute ist ein Geschenk.

Ich werde geliebt.

Ich gehe mit Vertrauen durchs Leben.

Meine Meinung zählt.

Ich bin immer genug.

Ich bin selbstbewusst und positiv.

Mich um mich selbst zu kümmern, ist produktiv.

———

———

So werden deine Lieblingsbotschaften Teil deines täglichen Lebens:

• Schreib sie auf kleine Notizzettel, die du überall verteilen kannst – in deiner eigenen Wohnung, bei Freund*innen oder auf der Parkbank bei einem Spaziergang.

• Lass sie auf große Poster drucken und häng sie an einem gut einsehbaren Ort auf.

• Stell die Botschaft(en) als Hintergrundbild auf deinem Handy oder Laptop ein.

• Mach eine Sprachaufnahme mit deinen Botschaften und höre sie dir regelmäßig und immer wieder an.

• Richte dir auf deinem Handy Erinnerungen ein, die zu bestimmten Zeiten immer wieder aufploppen sollen.

• Leg dir ein eigenes Kartenset an, indem du sie auf Blanko-Karten schreibst oder klebst.

• Nimm dir täglich 1 Minute Zeit, um dir die Botschaften durchzulesen oder sie mit geschlossenen Augen aufzusagen.

Tipp für werdende Mütter:

Ich kann euch Geburts-Affirmationskarten empfehlen. Affirmationen sind lebensbejahende, positiv formulierte Sätze – wie die Botschaften links. Eine der Affirmationskarten war: „Ich bin stark, weich und lasse los." Diese habe ich mir während meiner Schwangerschaft immer wieder durchgelesen und bei der Geburt vor mich hergesagt.

Meditationstipp:

Wenn du schon Erfahrungen mit Affirmationen und Meditationen hast, probiere doch mal die Metta-Meditation aus! In dieser buddhistischen Meditationsart geht es darum, durch Wohlwollen, Güte und Freundlichkeit für sich und andere zu einem friedlichen Zustand zu gelangen.

Veränderungen

Wenn es eine Sache im Leben gibt, auf die du vertrauen kannst,
dann ist es Veränderung.

Vielleicht verbindest du mit Veränderungen im ersten Moment etwas
Negatives oder sie geben dir ein Gefühl von Unsicherheit. Doch wenn
dir erst mal bewusst wird, dass sich jeden Tag in unserem Körper sehr
viele Zellen ab- und wieder aufbauen und wir unser Leben in verschiedene Abschnitte einteilen können, wird schnell klar, dass Veränderung etwas ist, das schon jetzt passiert. Die Kunst besteht darin, das
für sich anzunehmen und zu verstehen, dass es Dinge im Leben gibt,
die sich verändern und die wir nicht kontrollieren können.

Auch Beziehungen verändern sich – und dich. Einige Menschen begleiten uns ein Leben lang und andere nur für einen Lebensabschnitt.
Denn Menschen verändern sich permanent. Bei einigen Beziehungen
kann man wieder zueinanderfinden, den anderen wieder abholen und
mit in sein Leben zurücknehmen. Beziehungen bedeuten auch Arbeit
und Engagement. Sie sind wie Pflanzen, die man regelmäßig gießen
und pflegen muss. Wenn du bei bestimmten Beziehungen im Dunkeln
tappst, empfehle ich dir ein klärendes Gespräch. Kommunikation
ist so, so wichtig! Es wird aber auch andere Beziehungen geben, bei
denen es vielleicht nicht mehr passt. Das ist in Ordnung und
gehört zum Leben dazu.

Diese großen Veränderungen habe ich schon erlebt:

_____

_____

_____

Das habe ich aus diesen Veränderungen gelernt
und für mich mitgenommen:

_____

_____

_____

Diese Menschen waren mal ein wichtiger Teil meines
Lebens und haben mich geprägt:

_____

_____

_____

Die Beziehung zu dieser Person bzw. diesen Personen
würde ich gerne wieder aktivieren:

_____

_____

_____

KAPITEL 7

———

Boss—
MOM

Liebes Tagebuch,

ich hatte immer ein sehr genaues Bild von mir als Mutter gehabt. In meiner Vorstellung hatte ich eine Frau gesehen, die jeden Tag frisch für ihre Kinder kocht, liebend gern den ganzen Tag zu Hause und vollends zufrieden ist, wenn sie den Tag mit Kinderprogramm verbringt. Eine heile, heile Welt eben. Ich hatte es schon immer geliebt, andere Menschen zu umsorgen, mich zu kümmern, Verantwortung zu tragen. Und so hatte ich geglaubt, die Mutterrolle würde mich mit allem, was dazugehört, komplett ausfüllen.

Dass es in der Realität irgendwann doch etwas anders aussah, musste ich mir selbst erst mal eingestehen.

Mein Leben als Mama erfüllt mich mit so viel Freude. Es war mein größter Wunsch, Mama sein zu dürfen, und es gibt für mich kein größeres Glück als das Lachen meiner Tochter, wenn wir Fangen spielen, gemeinsam Grimassen ziehen oder wie verrückt durch das Wohnzimmer tanzen. Es ist das Schönste, wenn ich heimlich an ihren Haaren schnuppere, während sie schläft, oder sie dabei beobachte, wie sie voller Neugierde ihre Welt entdeckt. Ich bin dankbar, so tief dankbar, dass ich sie auf ihrem Lebensweg als ihre Mama begleiten und die Welt selbst noch mal mit Kinderaugen erleben darf. Und doch gibt es auch noch andere Dinge, die mir Freude bereiten, die mich glücklich machen. Die haben nichts mit meiner Rolle als Mutter zu tun, auch wenn ich seit der Geburt Mama bin und es immer sein werde – voller Freude und Stolz.

Es gibt noch mich als Frau mit Bedürfnissen, die ich eben nicht immer hintenanstellen mag. Mit Interessen und Leidenschaften. Nur weil ich nun eine Mama bin, heißt das nicht, dass ich deshalb aufhören muss, als Frau zu existieren. Und dennoch habe ich mich lange nicht getraut, all das überhaupt auszusprechen, und mich sogar dafür geschämt, mich glücklich zu fühlen, wenn ich mal nicht zu Hause war.

Etwa zu dem Zeitpunkt, als meine Tochter ihren ersten Geburtstag feierte, fühlte ich immer deutlicher, dass da noch andere Bedürfnisse in mir schlummerten, die während der Schwangerschaft und besonders im ersten Lebensjahr meiner Tochter irgendwie verschwunden schienen. Ich fing plötzlich an, mich wieder zu sehen.

Versteh mich nicht falsch. Ich hatte das erste Lebensjahr meiner Tochter so sehr genossen. Dieses anfänglich zarte Band, das in den ersten Wochen und Monaten nach der Geburt immer stärker geworden war. Diese unglaubliche Liebe, die ich für sie empfinde und die sie mir schenkt. Jeden Tag. Bedingungslos. Ohne Worte, einfach durch ihr Sein. Wir feierten jedes Brabbeln, jede kleinste Entwicklung war ein Meilenstein und wurde mit großem Staunen bewundert. Alles neu. Alles, ja, wirklich alles anders. So strahlte auch meine Welt durch all die Liebe, all diese kostbaren, magischen Momente und diese völlig neuen Erfahrungen in einem neuen Licht. Ganz besonders in der ersten Zeit und das auf wirklich jeder Ebene.

Wir waren die perfekte Symbiose durch das Tragetuch und das Stillen. Eigene Bedürfnisse, ja, die habe ich eben nicht wirklich empfunden. Es fühlte sich alles so richtig an und ich blühte in meiner Mutterrolle auf, auch wenn es durchaus Momente gab, in denen meine Blüten ein Blatt verloren oder der Stiel kurz einknickte. Blumen brauchen nun mal Wasser und Licht – vergessen wir also unsere eigenen Bedürfnisse, können uns der

Schlafmangel, das Dauernuckeln an der Brust, das zahnende Kind und Wachstumsschübe auch mal überrennen.

Ich bekam das Bedürfnis, mein Ich, mein ganz eigenes Ich fernab vom Muttersein und all den anderen Erwartungen, die von außen auf mich einprasselten, wieder aufblühen zu lassen. Mein Wiederentdeckungsprozess geschah in mehreren Schritten. Als erstes wollte ich mich in meiner Kleidung wieder austoben können, schließlich war auch das nach der Geburt noch nicht so gegeben. Ja, meine alte Form kam tatsächlich plötzlich nach 9 Monaten langsam wieder zurück – bis ich dann 1½ Jahre nach der Geburt wieder in meine alte Kleidung passte. Die Zwischenzeit überbrückte ich mit Leggings, oh ja, mit diesen ollen Leggings aus der Schwangerschaft. Mit bequemer Kleidung, die mir viel Raum für Bewegung, Stillen und das Drumherumwickeln von Tragetüchern ließ.
Mode ist für mich schon immer eine Art Ausdrucksform gewesen. Mit ihr kann ich mein Innerstes nach außen tragen, hier kann ich kreativ sein, gerne kombinieren, das tragen, was andere eben nicht erwarten. Ich breche Stile und kann darin meinen eigenen finden. Doch ganz ehrlich, in Leggings, schlabbrigen Hosen, tief ausgeschnittenen Basic-Shirts, die es einfach machten, meine Tochter immer und überall flott und unkompliziert an die Brust zu legen, konnte ich das, was ich eigentlich fühlte, nicht ausdrücken. Ich konnte in meiner Kleidung nicht sehen, wer ich bin, konnte nicht widerspiegeln, wie verdammt stolz ich war, diese Mutterrolle irgendwie zu rocken. Ich konnte damit nicht zeigen, dass ich, ja, genau ich, immer noch irgendwo in mir schlummerte und wie dankbar ich meinem Körper war.

Mein Körper hatte sich durch die Schwangerschaft wahnsinnig verändert. Und ich habe ihn so gefühlt, so geliebt. Noch nie hatte ich meinen Körper so sehr geliebt, wie nach der Geburt unserer Tochter, nachdem er mir das größte Geschenk auf dieser Welt gebracht hatte. Mein Becken war – wow ja – es war wesentlich größer als zuvor, ebenso wie meine Taille, die vor der Schwangerschaft ziemlich schmal und nun nicht mehr existent war. Meine Brüste waren gigantisch – wo ich vorher immer ein dezentes A-Körbchen gehabt hatte, konnte man nun tatsächlich ein prächtiges Dekolleté sehen. Und mein Bauch! Mein Bauch war ganz schön weich. Er war wabbelig – ohne dass ich diesen Begriff negativ assoziiere. Weich, kuschelig wie ein großes, gemütliches Kissen. Ich wollte meinen Körper gerne zeigen, nicht verstecken, doch passten mir die „normalen" Proportionen der Modeindustrie schlichtweg nicht mehr. Ich wollte mich gerne austoben, mich zeigen, mein Ich, das nun auch Mama war – doch fand ich neben Blümchenprints und Basic-Kleidung nichts, was praktisch war, zu meinem neuen Körper passte und gleichzeitig „modisch" aussah.

Im zweiten Schritt meines Wiederentdeckungsprozesses entstand der Wunsch, mehr an meinem Unternehmen zu arbeiten. Ich hatte wieder große Lust, beruflich an Projekten weiterzuarbeiten, die ich mir schon vor der Schwangerschaft in den Kopf gesetzt hatte. Ja, ich wollte auch außerhalb meines Mamaseins wieder so richtig für etwas brennen, wollte mich kreativ austoben, neue Dinge lernen, das Chaos in meinem Kopf in handfeste Projekte umwandeln und mich auch auf dieser Ebene selbst verwirklichen. Dieser Wunsch in mir wurde immer lauter.

Eine Balance finden – daran hatte ich mich versucht. Schon 3 Wochen nach der Geburt fing ich an, wieder in meinen Beruf als Content Creator in den sozialen Medien zurückzufinden. So ganz bereit war ich dazu nicht, vielmehr hat mich mein innerer Antreiber da mächtig unter Druck gesetzt, schnellstmöglich wieder am On-line-Leben teilzunehmen. Druck, weil ich als Solo-Selbstständige selbst dafür verantwortlich bin, mein Geschäft am Laufen zu halten. Finanziell hatten wir zwar so weit vorgesorgt, dass ich mich eine längere Zeit hätte rausnehmen können. Aber was würde danach passieren? Würde ich den Anschluss finden? Was wäre mit meinen Kund*innen, mit meinen Zahlen, mit dem, was ich mir aufgebaut hatte? Würde ich dann überhaupt noch interessant sein? Klar war das schön, wieder an meinem Unternehmen zu arbeiten, aber da waren ja auch meine Erwartungen an mich selbst als Mama, die sicher stark geprägt waren von den vielen medialen Kampagnen, in denen uns erklärt wird, wie wir als Frau zu sein haben. Wie also sollte ich das alles unter einen Hut bringen? Hallo, Selbstzweifel!

Wer bin ich und wie viele? Alles, was mir vor der Schwangerschaft oft so klar gewesen war, war es jetzt nicht mehr. Mutter, Frau und Partnerin. Tochter. Schwester. Freundin. Unternehmerin. In einigen Rollen war ich schon geübt, aber Mama sein, das war neu und der Spagat in meinem Kopf gigantisch.
So war dann auch meine wichtigste Frage:
Bin ich eine schlechte Mama, weil ich auch gerne Zeit allein verbringe? Oder weil ich mir manchmal mehr Abwechslung wünsche? Das passte ja nicht mehr mit meinen heilen, heilen Mutter-Universum-Gedanken zusammen. Ich meine, ich bin durchaus bekannt dafür, dass ich es gerne perfekt habe, und ich will immer mein Bestes geben. Meine strengen Erwartungen an mich selbst wurden mit meiner neuen Rolle als Mutter noch mal auf ein neues Level katapultiert und das ewige schlechte Gewissen nistete sich fett und breit in mir ein. Hier ein kleiner Auszug aus meinem Selbstzweifel-und-schlechtes-Gewissen-Repertoire:

Bin ich eine schlechte Mama, wenn ich meinen Job so gerne mag, dass ich an einem Tag lieber an meinem Projekt arbeiten würde, statt ihn mit Kinderprogramm auszufüllen? Oder weil ich mir einen unbeschwerten Tag mit meinem Partner wünsche, an dem wir einfach mal machen können, worauf wir gerade Lust haben? Schließlich möchte ich doch alles richtig machen, alles geben für meine Tochter, für unsere Familie.

Doch was bedeutet es, alles zu geben? Muss es heißen, dass ich mich für etwas oder jemanden aufopfere? Kann alles zu geben nicht auch bedeuten, dass ich mich selbst nicht aus den Augen verliere – oder sollte es das nicht sogar auch?

Irgendwie sollte es doch eine gesunde Balance aus allem sein – aber wie um alles in der Welt sollte ich diese Balance finden? Das glich eher einem Eiertanz, denn mein schlechtes Gewissen setzte mir immer wieder ordentlich zu. Wollte ich doch diese besondere Zeit schützen, hüten wie einen Schatz. So übte ich meinen Beruf zwar mit angezogener Handbremse aus, aber immer so, dass ich präsent war. Meine Tochter, unsere Familie und meine Rolle als Mutter standen eben an allererster Stelle. Ich versuchte, die Dinge so anzunehmen, wie sie auf uns zukamen – ich versuchte, weniger zu arbeiten, Aufträge und Projekte zu verschieben, wenn uns die Nächte um die Ohren flogen, und die guten Zeiten zu nutzen, um mehr Herz in meine Arbeit zu stecken.

Ein Dreivierteljahr später und mit so etwas wie einem Alltag im Rücken wurde der Wunsch, mich wieder auf kreativer Ebene und fernab der Kamera zu verwirklichen, stärker.

Ja, die Kreativität kam langsam wieder, auch wenn sie sich nach einer durchwachsenen Nacht mit unserer Tochter schnell wieder in

Luft auflöste. Ich hatte es schon immer geliebt, zu schreiben, liebte es, wenn ich aus meinem Kopfchaos einen Mehrwert für andere Menschen erschaffen konnte. Also nahmen mein Mann und ich die Planungen für unser Start-up wieder auf, nachdem wir sie für 1 ½ Jahre stillgelegt hatten.

Sollten wir uns wirklich trauen? Schließlich hatten wir von solch einer Art der Firmengründung überhaupt keine Ahnung. War das gerade wirklich der richtige Zeitpunkt? Konnten wir das wirklich rocken? Ganz ehrlich? Wir probierten es einfach! Im Nachhinein kann ich sagen, dass das die Krönung des Prozesses war, wieder vollkommen zu mir selbst zu finden und mich wiederzuentdecken. Das waren unsere Gedanken, nachdem wir einen kleinen An- stupser aus unserem Freundeskreis bekommen hatten. Wir waren mit einem befreundeten Paar und ihrem Sohn auf einem Kurztrip in Winterberg gewesen, als unsere Freundin uns abends auf unsere Idee ansprach, ein kleines Familienunternehmen mit liebevoll ge- stalteter Papeterie zu gründen. Sie platzierte den Wunsch, dass wir doch bitte einen neuen Kalender entwerfen sollten, da ihrer bald ausgefüllt sein würde, und fragte nach, wann wir unser Projekt um- setzen wollten. An diesem Abend sprudelten wir vor Ideen, wäh- rend vor uns der Käse in den Raclette-Pfännchen brutzelte. Wir saßen dort zu viert in bequemer „Jetzt-ist-Zeit-zum-Abgammeln"- Kleidung, musikalisch untermalt vom Rauschen der Babyphones und unserer schlafenden Kinder, und philosophierten – bis ein Kind aufwachte und uns aus unserer kleinen Papeterie-Bubble rausholte. Doch die Euphorie und der Ehrgeiz, all die Ideen in Ta- ten umzusetzen, blieb, wuchs und blühte auf.

Einige Monate später trafen wir uns erneut. Leon und ich hatten unsere Vorstellungen und Ideen etwas reifen lassen und suchten

Rat bei unserem befreundeten Pärchen von denen er selbst bereits ein eigenes Unternehmen führte und sie ein sehr kreativer Kopf ist. Wir verbrachten ein gemeinsames Wochenende und nutzten jede Sekunde, sobald die Kinder schliefen, um an den Ideen zu feilen. Wir standen auf den Tischen, feuerten uns gegenseitig an, fertigten gigantische Mindmaps an, tranken Cola, aßen Duplo und tanzten bei jedem gelungenen Einfall – bis wir unseren Markennamen finalisiert und diesen gleich beim Markenamt angemeldet hatten. Und damit war er gelegt, der erste große Grundstein für unser kleines Unternehmen abseits der Social-Media-Welt.

In den darauffolgenden Tagen und Wochen erarbeiteten Leon und ich einen straffen Zeitplan, besuchten verschiedenste Druckereien, führten erste Verhandlungen, holten eine weitere Freundin als Designerin mit in unser Team, arbeiteten weiter an unserem Markenkonzept und feilten an den ersten Produktdesigns. Die Balancewippe kippte nun immer und immer mehr in Richtung Arbeitswelt.

Der Launch stand bevor, nachdem wir nun ein halbes Jahr intensiv alles vorbereitet, unsere Produktionspartner*innen ausgewählt, den Designprozess finalisiert, uns mit den verschiedensten Thematiken in Bezug auf den Onlinehandel informiert hatten. Ich hatte Tag und vor allem Nacht damit verbracht, an unserer Website zu arbeiten. Eine Arbeit, die für mich völlig neu war, und zu Zeiten, die mit unserem Familienleben schwer zu vereinen waren. Noch kürzere Nächte, noch weniger Schlaf, noch mehr Stress und ein Leben, das völlig aus der Balance geriet, wo wir doch nebenbei noch einen Umzug stemmten.

Im Mai 2021, kurz vor unserer Hochzeit – Emmi war da schon 1 Jahr und 3 Monate alt –, zogen wir in unser Traumhaus. Wir wollten raus aus dem Stadtkern, denn wir lebten wirklich mittendrin. Als Dorfkind sehnte ich mich nach Ruhe, mehr Nähe zur Natur und mehr Raum.

Die Doppelhaushälfte war zwar recht groß, aber unpraktisch aufgeteilt. Der ausschlaggebende Grund war aber vor allem die mangelnde Privatsphäre und zu viel Trubel. Zudem wünschten wir uns mehr Platz für uns als Familie und unser Business.

Der Stadtkern mit der Nähe zum Bahnhof gefiel uns als Familie nicht. Es war für uns kein Ort, an dem wir unsere Kinder losziehen lassen wollten. Gegen Ende hin gab es bei uns regelmäßig Einbrüche im Garten und versuchte Einbrüche bei unseren Nachbarn. Obwohl wir eine wirklich fantastische Nachbarschaft hatten, mit der wir uns bis heute regelmäßig treffen, fühlten wir uns nicht mehr so wohl – und dann kam durch einen Riesenzufall unser jetziges Haus: Mitten in der Natur und umgeben von Wäldern. Ein altes Bauernhäuschen mit unendlich hohen Decken, einem traumhaften Sandstein-Kamin und viel Platz für unsere Familie und die Kreativität.

Wir waren wirklich schockverliebt in unser neues Haus, auf dessen Gartengrundstück noch ein weiteres kleines Häuschen steht, das wir als Büro nutzen.

Es ist ein altes Fachwerkhaus, eben ein Altbau – und gibt uns so viel Raum zum Austoben beim Einrichten. Wenn ich für eines eine gigantische Schwäche habe (neben schöner Kleidung), dann ist es Einrichtung, Deko, Möbel. Ich habe eine große, gigantische Interior-Liebe! Vor unserem Umzug habe ich nächtelang Moodboards erstellt, ein gesamtes Einrichtungskonzept entworfen und die Onlineshops durchwälzt – anders ging es nämlich durch den damaligen Lockdown gar nicht. Ich habe Liebe in jede noch so kleine Ecke des Hauses gesteckt. Es sollte ein Ort werden, an dem wir in unserer eigenen Bubble leben können würden, verbunden mit der

Natur. Es war unser Traum, dass unsere Kinder mal so naturnah aufwachsen können, so behütet und friedlich. Während wir also gerade noch mitten in der Gründungsphase unseres Unternehmens waren, unsere eigentlichen Hauptjobs am Laufen halten mussten und uns gleichzeitig in der Betreuung unserer Tochter abwechselten, arbeiteten wir noch zusätzlich am neuen Haus und packten im alten alles soweit zusammen, dass es möglich war, innerhalb von vier Wochen mal eben so nebenbei umzuziehen.

Ich merkte, wie oft ich eigentlich doch total überfordert war, es mir aber einfach nicht eingestehen konnte, weil ich so sehr an das gefestigte Bild von mir als Mutter glaubte, die alles mühelos stemmen kann und stets Kind, Haus, Arbeit und Partnerschaft in Einklang bringt.

Und dann war er da, der 30. Mai 2021, an dem wir unser erstes Produkt mit der Öffentlichkeit teilten. Alles stand – und dennoch hing große Unsicherheit im Raum, wie das, wofür wir so brannten, überhaupt bei anderen Menschen ankommen würde. Es war, als hätten wir noch ein Baby bekommen. Na ja, nicht so ganz. Schließlich war es kein Menschenkind, keine Seele, die wir auf ihrem Lebensweg begleiten würden, aber dennoch war es ein Baby, das auf unsere Arbeit angewiesen war und sehr viel Zeit in Anspruch nahm, damit es wachsen und gedeihen konnte. Sehr viel Zeit, die wir vorher maßlos unterschätzt hatten.

Für die inhaltliche Produktentwicklung bin ich allein zuständig, und erst später holte ich mir von meiner lieben Freundin für einige Produkte Unterstützung. Eine andere Freundin designte dann in enger Zusammenarbeit mit mir unsere Produkte auf Basis meiner inhaltlichen Vorgaben. Ich gestalte unsere Website allein, kümmere mich um die Produktfotos und unsere Inhalte für Social Media. Leon kümmert sich um alles, was mit den Finanzen zu tun hat, Kalkulationen, die Buchführung, um Verhandlungen und das Kund*innenmanagement.

Wir rocken das – größtenteils zu zweit, obwohl wir bereits beide einen Vollzeitjob haben und ganz nebenher auch noch Eltern sind. Ach ja, und der Haushalt macht sich auch nicht von allein.

Wie groß soll der Hut eigentlich noch sein, unter dem ich alles zusammenkriegen möchte? Unsere Tochter möchten wir in ihren ersten Lebensjahren gerne zu Hause betreuen, stillen wollte ich sie so lange, bis irgendwann ein Impuls von ihr oder mir kommt, dass das Kapitel abgeschlossen werden kann. Stillen ist schön, aber auch anstrengend. Wir haben es gerne ordentlich im Haus, gesund ernähren wollen wir uns auch – Einkaufen, Kochen und Aufräumen können durchaus etwas Zeit in Anspruch nehmen. Dann arbeiten wir beide – zwar von zu Hause aus und durch unsere Selbstständigkeit haben wir zum Glück die Freiheit, uns die Arbeit zeitlich so einzuteilen, wie wir möchten. Aber die Arbeit muss eben auch erledigt werden und das am besten mit viel Leidenschaft und Freude, damit sie auch gut ist. Irgendwie möchten wir als Paar auch noch existieren. Ach ja, und dann war da noch der Sport ... den vergesse ich am besten gleich wieder.
Gibt es überhaupt einen Hut, der so groß ist, dass all das darunter passt? Schließlich sehe ich doch, dass es irgendwie möglich sein muss, wo doch gefühlt alle anderen Mamis den Alltag so mühelos rocken und ihr Obst und Gemüse bestenfalls sogar noch selbst anbauen.

Ist dir etwas aufgefallen? Glauben wir nicht, eher zu sehen, dass es überall reibungslos läuft? Heute scheint es überall nur noch Super-Überflieger-Frauen zu geben und wenn du in dieses Raster nicht reinpasst, ja, dann gib dir gefälligst mehr Mühe. Ich habe oft mit meiner Omi über ihre Zeit als junge Frau und Mutter gesprochen. Damals war ihre Rolle als Frau noch eine ganz andere. Schön unterwürfig, nicht aufmucken, vor allem nicht selbstständig denken und schon gar nicht handeln. Also außerhalb der eigenen vier Wände, denn die galt es ja schön reinlich und ordentlich zu halten. Meine Oma hat sich dann auch ihre Unabhängigkeit und ihr selbstständiges, eigenständiges Handeln hart erkämpfen müssen, wobei der größte Endgegner wohl in ihrem Kopf saß. Und tut er das nicht bei uns allen? Auch meine Mama ist noch in vielen Punkten ähnlich groß geworden, aber da schlummerte schon immer eine kleine Rebellin in ihr. Oder vielleicht auch eine große. Erweitert wurde das Bild der Frau und Mutter durch jenes der arbeitenden Frau und Mutter, dauergrinsend und ewig glücklich, alles schulternd. Dabei soll sie aber bitte schön noch immer brav gefallen – ihren Eltern, den Lehrern, später dann dem Chef, ihrem Mann und – ja klar – heute dann auch noch den sozialen Medien, einer zusätzlichen kleinen Scheinwelt, die uns noch besser und erfolgreicher miteinander vergleichen lässt. Ist das nicht alles eine inszenierte Vorstellung davon, wie wir zu sein haben? Alles schön vordefiniert, damit man nie zufrieden mit sich ist, denn schließlich geht da ja noch was. Und was wir als Frauen heute alles sein sollen. Puh. Das alles im Kopfgepäck, halleluja.

Ich schlage dir was vor: Lass uns doch einfach so sein, wie wir sein wollen, und lass uns das vor allem mal ganz neugierig herausfinden. Lass uns das auch miteinander teilen, ganz ehrlich, ungeschönt, ganz offen und ohne einander zu be- oder verurteilen, und lass uns ganz selbstbewusst zu dem stehen, was wir denken, empfinden, zu dem, was wir sind. Ganz individuell und jede auf ihre Art.

Ich fang mal an. Ich bin eine gute Mutter für mein Kind.
Auch und gerade weil ich nicht immer im Kreis grinse, mir manches Mal alles etwas zu viel wird. Weil ich auch meine eigenen Bedürfnisse sehe, fühle und zu befriedigen versuche. Ich bin eine tolle Frau, weil ich mich auf den Weg gemacht habe, mich selbst zu entdecken, mit allen Ecken und Kanten, und weil ich mich traue, das auch zu zeigen.

Und dann lass uns doch auch gleich mit dem ewig schlechten Gewissen aufräumen. Denn damit ist es wie mit den Metropolen auf dieser Welt – es schläft nie. Wie auch, wenn wir so sehr mit Hochglanzbildchen gefüttert werden, die uns in jeder nur erdenklichen Rolle darstellen, klar definiert und unerreichbar. So was von unerreichbar. So musst du sein, damit du gut bist. Bis wir es am Ende selbst glauben.

Das schlechte Gewissen sorgt dafür, dass wir uns also dauernd schuldig fühlen. Gegenüber uns selbst, unserer Partnerschaft, unseren Kindern, unseren Eltern, unseren Vorgesetzten, den Kolleg*innen, unserer besten Freundin, dem Hund, dem Haushalt, der Familie; und es scheut sich nicht davor, noch kritischer zu werden. Ganz gleich, was du auch tust, es scheint noch immer nicht genug und vor allem nicht gut genug. Haushalt, Job, Kinder, Fitness, Ehrenamt, Figur und Aussehen – wir sind ständig bemüht, es allen recht zu machen und für andere zu sorgen, um bloß den Schein zu wahren, den wir doch eigentlich so sehr verurteilen. Oder fragst du dich nicht, wie „die anderen" es immer schaffen? Meinst du, sie schaffen es wirklich? Oder meinst du, sie wollen nur den Schein wahren wie du? Ganz ehrlich, damit tun wir uns selbst und auch allen anderen keinen Gefallen. Wir belügen uns selbst, müssen uns immer weiter verbiegen, um dieses Bild aufrechtzuerhalten. Wir fühlen uns ausgebrannt, leer und viel zu oft traurig und verzweifeln an den eigenen Erwartungen – das ist der Preis dafür. Wir steigern unsere Leistungen ins schier Unermessliche, alles wird optimiert, höher, schneller, besser, weiter, sauberer, leckerer, hygienischer, oft ohne Rücksicht auf uns selbst.

Ich sagte dir ja schon zu Beginn dieses Kapitels, dass ich es schon immer geliebt habe, andere Menschen zu umsorgen, mich zu kümmern und Verantwortung zu tragen. Dabei kann ich mich selbst ganz schön aus den Augen verlieren. Da gibt es dann irgendwie keine Antwort mehr auf die Frage *„Wer bin ich?"* Und sollte es eine geben, so müsste sie lauten: *„Die Verlorene".* Im Dschungel der Erwartungen, im Kampf um die Aufrechterhaltung dieses unerreichbaren Bildes.

Regeln, Grenzen, Vorurteile – damit werden wir im Laufe unseres Lebens ausreichend gefüttert. Das schafft Erwartungen und so warten wir darauf, dass wir diese zur Zufriedenheit aller bestens erfüllen. Die Krone setzen wir dem Ganzen noch auf, indem wir die Erwartungen an uns selbst ins nahezu Unerfüllbare steigern.

Soll ich dir was verraten? Du bist die Bossin in deinem Leben. Egal ob Boss-Mom, Boss-Lady, Boss-was-auch-immer. Wer dir etwas anderes erzählt, der hat vielleicht auch einfach nur den Wunsch, dich zu kontrollieren oder/und klein zu halten. Sagst du dir das selbst, dann ist jetzt ein guter Zeitpunkt, um in den Spiegel zu schauen – und zwar nicht in den, der dir immer sagt, dass du nicht gut genug bist, dass noch irgendwas an dir nicht in Ordnung ist, dass du nicht okay bist, dass dir noch was fehlt. Dass du unbedingt noch irgendwas brauchst, bevor du wirklich vollständig und gut sein kannst. Dass du nicht gesehen wirst, nicht gehört wirst, dass niemand dich liebt und du dich selbst sowieso nicht. Sondern du schaust in den Spiegel, der dir die Frau zeigt, die du wirklich bist. Wie wundervoll du bist. Was für ein leuchtendes, strahlendes, vollständiges und wundervolles Wesen du bist. Und genau in diesen Spiegel wollen wir ab jetzt gemeinsam schauen. Ich glaube, man tut gut daran, sich einzugestehen, dass nicht immer alles wie am Schnürchen laufen muss und dass es so einen gigantischen Hut schlichtweg nicht gibt. Nicht ohne Unterstützung, Fremdbetreuung oder Haushaltshilfe. Und das ist auch okay so. Versuch erst gar nicht, dir diesen Hut aufzusetzen, denn schlimmstenfalls versperrt er dir den Blick auf das Wesentliche im Leben – und das Wesentliche ist ganz sicher nicht, einen perfekten Schein zu wahren, oder den ganzen Tag mit einem Besen hinter jedem Krümel herzurennen, damit ja niemand sieht, dass hier ein Kind gewütet hat. Leg den Besen beiseite und lebe. Schließlich sind wir nicht auf der Erde, um zu funktionieren, sondern um zu leben.

Du bist die Bossin
in deinem Leben.

Der große Hut

Der große Hut

Ich muss alles unter einen Hut bekommen, erst dann habe ich mein Leben im Griff. Ein Glaubenssatz, der in vielen von uns steckt. Aber ist dieser Hut, den wir uns aufsetzen wollen, vielleicht einfach viel zu groß für uns? Was wäre, wenn wir uns einen Hut in genau der Größe wählen würden, die zu uns passt? Woher kommt dieser Druck, den wir uns selbst so oft machen? Ich glaube, dass das mit den hohen gesellschaftlichen Erwartungen zu tun hat. Die Frage ist nur: Sind diese Erwartungen auch deine eigenen? Überprüfe das doch einmal auf Seite 72.

Vermutlich würdest du es tatsächlich schaffen, alles unter einen großen Hut zu bekommen, aber zu welchem Preis? Permanenter Stress und Druck, kaum Zeit für dich allein – auf lange Sicht würde dich das wohl kaputtmachen.

Kennst du das Gefühl, dass dir Menschen in deinem Umfeld oder gerade auch auf Social Media den Eindruck vermitteln, sie hätten alles im Griff? Frag dich mal, ob das wirklich so ist oder ob sie nicht alles daran setzen, genau diesem Bild nach außen hin zu entsprechen, damit nicht auffällt, dass sie eigentlich total überfordert sind. Ich kann mir gut vorstellen, dass es viele unter ihnen gibt, die sich Hilfe und Unterstützung holen, sich aber nach außen hin dafür schämen. Weil sie Angst davor haben, dass man von ihnen denken könnte, sie wären nicht fähig genug. Nicht gut genug.

Ich selbst übe mich auch immer wieder darin, zu hinterfragen, ob ich dieses oder jenes wirklich tun MUSS. Ob es MEINE Ansprüche und Erwartungen sind. Oder ob es am Ende doch nur Glaubenssätze sind, die ich durch meine Kindheit oder die Gesellschaft zu meinen eigenen gemacht habe.

Welche Aufgaben und Erwartungen stecken
aktuell unter deinem Hut?

_____

_____

Warum ist es dir wichtig, diese Aufgaben und Erwartungen zu erfüllen?

_____

_____

Was denkst du, woher diese Erwartungen kommen? Hast du Vorbilder?

_____

_____

Welche dieser Dinge würdest du gerne fallen lassen?
Welche entsprechen eigentlich gar nicht dir?

_____

_____

Was würde passieren, wenn du diese Dinge nicht erfüllen
und einen kleineren Hut aufziehen würdest?

_____

_____

Social Media

Social Media begleitet die meisten von uns täglich. Die Möglichkeiten, die wir dadurch haben, finde ich wirklich großartig. Wir können uns überall auf der ganzen Welt vernetzen, uns inspirieren lassen und unser Leben teilen. Doch es zeichnet sich immer mehr ab, dass der Konsum von Social Media auch seine Schattenseiten hat. Viele haben eine Art von Sucht entwickelt oder fühlen sich schlecht, wenn sie durch ihren Feed scrollen. Wie geht es dir damit?

Wofür nutzt du Social Media?

- [ ] zum Inspirieren
- [ ] zur Unterhaltung
- [ ] zum Kreieren
- [ ] zur Ablenkung
- [ ] zum Motivieren

Wie viele Stunden am Tag verbringst du insgesamt auf allen Plattformen?

- [ ] weniger als 1 Stunde
- [ ] zwischen 1 und 2 Stunden
- [ ] mehr als 2 Stunden

Vergleichst du dich oft?

- [ ] ja, auf jeden Fall
- [ ] manchmal / Ich bin mir nicht sicher.
- [ ] Nein, das kommt nie vor.

Welche Gefühle werden bei dir durch Social-Media-Inhalte ausgelöst?

- [ ] Freude
- [ ] Ärger
- [ ] Überraschung
- [ ] Mangel
- [ ] Leidenschaft
- [ ] Eifersucht/Neid
- [ ] Neugierde
- [ ] Schuld
- [ ] Verbundenheit
- [ ] Einschüchterung
- [ ] Angst

5 Impulse zum Umgang
mit Social Media

———

Social Media ist nicht gut oder böse, es kommt darauf an,
was du daraus machst!

———

1. Limitiere deine Zeit auf Social Media. Was dir dabei helfen kann: Nutze die automatischen Hinweise zu deiner Nutzungszeit von Social Media in deinen Handyeinstellungen. Instagram bietet diese Funktion ebenfalls. Du kannst dir auch einen Timer stellen, bevor du Social-Media-Seiten öffnest, und die Push-Benachrichtigungen der Apps ausstellen.

2. Folge nur Profilen, die dir ein gutes Gefühl geben, dich aufbauen oder inspirieren. Entfolge wiederum den Profilen, die das genaue Gegenteil mit dir machen. Wenn dich noch etwas von diesem Schritt abhält, bieten einige Social-Media-Seiten die Funktion des Ausblendens an.

3. Vergleich dich nicht mit dem, was du siehst! Werde dir immer wieder darüber bewusst, dass Social Media nur ein kleiner Teil und Ausschnitt ist und vor allem oft nicht die Realität abbildet. Jeder Mensch hat Fehler, Schwächen oder Tiefpunkte. Oft werden die aber nicht gezeigt.

4. Wenn du selbst Content auf Social Media hochlädst, sei dir bewusst, dass dein eigener Wert nicht von den dort abgebildeten Zahlen definiert wird. Du bist so viel mehr als Likes oder Follower!

5. Einen Tag offline gehen. Wie wäre es mal mit einer kleinen Auszeit? Ich mache das auch ab und zu und merke, wie mein Stresslevel dabei sinkt und ich plötzlich Augen für Dinge in meinem Leben habe, die mir vorher nicht so bewusst gewesen sind.

KAPITEL 8

———

Wunder

Liebes Tagebuch,

wenn ich so auf das Leben schaue, dann sehe ich, dass es voller Wunder steckt. Ich meine, allein die Entstehung eines Lebens gleicht doch einem Wunder, oder nicht? Jedes kleinste, perfekt aufeinander abgestimmte Detail in der Natur, dieses perfekte Zusammenspiel aus allem, was sie für uns bereithält. Ja, das Leben steckt voller Wunder, doch habe ich erkannt, dass wir uns wieder öffnen müssen, um diese zu erkennen.

Unser kleines Baby ist inzwischen schon zu einem 2 Jahre alten Mädchen herangewachsen. Ja, die Zeit vergeht mit Kindern tatsächlich so schnell, wie alle es mir immer prophezeit haben. Sie ist bereits so selbstständig und führt uns immer wieder vor Augen, wie kunterbunt und wundervoll das Leben ist. Es ist magisch, wenn sie uns dazu einlädt, an ihrer zauberhaften Fantasiewelt teilzuhaben, und ebenso magisch, wie sie uns vor Augen führt, wie viel Zauber die alltäglichen Dinge mit sich bringen.

Sie hat mich bereits so vieles gelehrt. So zeigt sie mir immer wieder, welche Dinge im Leben wirklich wichtig sind. Dass es für alles eine Zeit gibt und dass wir die kleinen Wunder des Lebens verpassen, wenn wir den Blick für das Gegenwärtige verlieren – denn wenn es einen Irrtum gibt, dann wohl den, dass wir denken, wir hätten Zeit, so habe ich es bei Buddha gelesen.

Sie hat mich gelehrt, geduldig zu sein, und hat meinem Verständnis von Liebe und Hingabe einen neuen Inhalt gegeben.
Für mich ist sie der Inbegriff von Leichtigkeit – und dafür bewundere ich sie unheimlich. Ihr beim Aufwachsen zuzuschauen, sie durch ihr Leben zu begleiten und zu beobachten, wie aus meinem

kleinen Baby ein selbstständiger Mensch wird, ja, das ist und bleibt ein Wunder.

Leon und ich haben inzwischen ein neues Zuhause gefunden, in dem wir absolut angekommen sind. Unser altes Bauernhäuschen ist umgeben von Wäldern, der Natur und vielen Tieren und dennoch nicht allzu weit vom Geschehen entfernt. Ein ruhiger, besonderer Ort und die perfekte Umgebung für uns als Familie, um dem schnelllebigen, turbulenten Leben in der Stadt zu entfliehen. Ein Ort der Liebe, der Kreativität, ein Ort nur für uns. Wir haben geheiratet, haben uns ein Versprechen füreinander gegeben und dieses mit der wohl größten und besten Party unseres Lebens gekrönt und jetzt erwarten wir voller Vorfreude unser zweites Kind. Wieder ist es eine aufregende, absolut chaotische Zeit und eine Schwangerschaft, die ich völlig anders erlebe, als die mit unserer Tochter Emilia. Eine Schwangerschaft, die mir viel kürzer vorkommt und die in meinem Gedankenuniversum neben meinem bereits bestehenden Mamaalltag, unserem Unternehmen, den alltäglichen Dingen und unserer Ehe nicht mehr ansatzweise so viel Raum findet wie beim ersten Mal – was die Vorfreude jedoch nicht schmälert.

Ich fühle mich reich, so reich beschenkt. Ich sitze hier, schaue aus dem Fenster hinaus in den Wald, der gleich an unseren Garten grenzt, und betrachte die Bäume, die im Sturm, der da draußen tobt, hin und her schaukeln. Ich höre meinen Mann mit unserer Tochter im Wohnzimmer zu Rolf Zuckowski singen und spüre das kleine Seelchen, das behütet in meinem Bauch heranwächst, fröhlich umhertanzen. All das, genau das, bedeutet mir die Welt – denn es sind für mich genau diese Dinge, die das Leben so bunt machen.

Es geht im Leben nicht um finanzielle Reichtümer, Erfolg oder darum, den äußeren Schein perfekt zu wahren. Es geht nicht darum, dass du in deinem Zuhause immer vom Fußboden essen kannst, du jeden Morgen das Haus perfekt gestylt verlässt, dich mit Menschen triffst, obwohl sie dir nichts geben, nur weil du denkst, du müsstest es tun.

Es geht nicht darum, wie gut du das Spiel der Gesellschaft beherrschst, nicht darum, immer alles unter einen Hut zu bekommen. Und vor allem geht es nicht darum, dein Leben mit anderen zu vergleichen. Schließlich müssten für einen Vergleich alle vorhandenen Parameter auf irgendeine Art vergleichbar sein – wie soll das gehen, wo doch alle Menschen verschieden und völlig einzigartig sind? In ihrem Erscheinungsbild, ihren Veranlagungen, ihrem Charakter, ihren Fähigkeiten.

Das Leben verläuft nicht geradlinig. Es bahnt sich seinen Weg über Brücken, Kreisverkehre, große Kreuzungen, bei denen wir manchmal falsch abbiegen, einen Umweg fahren und erst etwas später an das eigentliche Ziel gelangen – oder vielleicht sogar nie dort ankommen, weil sich das eigentliche Ziel auf dem Weg kurzerhand geändert hat.

Das Leben verläuft nicht planmäßig, weil es nicht darauf ausgelegt ist, zu funktionieren. Wir können die Dinge so gut durchdenken, wie nur eben möglich, den Plan perfekt ausarbeiten. Trotzdem kann er durchkreuzt werden. Und all das ist nicht so schlimm, wenn wir lernen, den Lauf der Dinge anzunehmen. Zu akzeptieren, wenn wir etwas nicht ändern können, statt uns an diesen Dingen aufzuhängen und somit bei bereits geschehenen Dingen in der Vergangenheit festzustecken. In der Vergangenheit zu leben, beraubt dich deiner so kostbaren Lebenszeit und dem einzigen, was du jemals haben wirst – den jetzigen Moment.

Es gibt nicht mehr als diesen Moment und es liegt an dir, wie du ihn nutzt. Das Leben ist wundervoll, ja, wortwörtlich – es ist voller Wunder, wenn man es nur zulässt. Wenn unser Leben nur nach einem von uns vorgeschriebenen Fahrplan verlaufen würde, wie sollten dann all diese Wunder in dein Leben treten, die du gar nicht eingeplant hast? Die du auch gar nicht einplanen kannst, denn sonst wären es ja keine Wunder.

Ich möchte meine Lebenszeit nicht dafür verschwenden, Dingen hinterherzurennen. Ich möchte keine Erwartungen erfüllen, die unerfüllbar sind und meist einem völlig falschen Ursprung entstammen. Gesellschaftlich geschaffenen Bildern, welche tief im Kern gar nicht meiner eigenen Wahrheit entsprechen, weder der von der Sinnhaftigkeit des Lebens noch der von der Schönheit des Einzelnen. Ich möchte meine Lebenszeit nicht dafür verwenden, zu denken, ich sei nicht gut genug und müsse immer besser werden, um zu gefallen, müsse mehr Sport machen, vielleicht sogar etwas an meinem Körper ändern, meinen Alltag besser auf die Reihe kriegen oder meine Kleidung ordentlich entfusseln, weil andere sonst denken könnten, ich wäre ungepflegt. Und so sehr ich es nicht möchte, so passiert es mir immer mal, dass ich mich im Trott des Alltags verliere, darin, es allen recht machen zu wollen oder einem bestimmten Bild zu entsprechen, um Anerkennung von außen zu erhalten, weil ich sie mir gerade selbst nicht geben kann. Der Mangel, den ich empfinde, wenn ich mich mal wieder selbst aus den Augen verliere, den kann nur ich auffüllen. Indem ich mich selbst sehe, mich selbst akzeptiere und endlich verstehe, dass ich genug bin. Es ist ganz gleich, wie groß die Anerkennung, die Bewunderung von außen auch sein mag, sie wird niemals das Loch füllen, das wir alle so verzweifelt versuchen zu stopfen. Also lohnt es sich doch auch gar nicht, im Außen zu suchen. Schau auf dich, ganz ehrlich.

Es ist okay, sich kurz aus den Augen zu verlieren, aber umso wichtiger, sich selbst kleine Impulse zu setzen, um nicht darin unterzugehen. Es ist okay zu fallen, okay, wenn wir Schicksale nicht auf Anhieb verarbeiten können oder gar von ihnen niedergeworfen werden. Es ist menschlich. Es ist menschlich, von der Vergangenheit eingeholt zu werden und einen kurzen Moment darin zu verweilen, um wieder zu erkennen, worum es im Leben geht – nämlich darum, zu leben. Am besten an jedem Tag in jedem Moment, schließlich sind wir nicht bloß auf der Welt, um zu existieren.

Viele Dinge sind gar nicht so groß, wie sie scheinen, doch neigen wir oft dazu, uns genau in diesen Dingen zu verlieren. In einem schlechten Tag, obwohl es doch nur einer von vielen war. In einem zugeworfenen Blick, den wir als komisch, beurteilend empfinden, obwohl uns die Handlung des anderen gar nicht persönlich betrifft. Nichts, was andere tun, hat etwas mit dir zu tun, sondern nur mit ihnen selbst. Schließlich beurteilen sie aufgrund ihres eigenen Wertesystems, ihres eigenen Weltbilds und ihres eigenen Denkens von richtig und falsch. Und das muss deinem nicht entsprechen und du musst es auch nicht annehmen.

Manchmal empfinde ich eine Unzufriedenheit. Eine Unzufriedenheit, weil ich mal wieder Dinge zu schwer gewichtet habe, die eigentlich gar nicht wichtig sind. Ich bin unzufrieden mit mir, meinem Äußeren, meinen Aktivitäten, meinem Arbeitspensum. Ja, ich empfinde eine Unzufriedenheit, wenn ich an einem Tag nicht meinen hochheiligen Plan erfüllen konnte, den ich mir in meinem Kopf zuvor zusammengereimt hatte, wenn ich es wieder nicht geschafft habe, meine viel zu lange To-do-Liste abzuarbeiten. In solchen Momenten frage ich mich, woher sie eigentlich kommt. Entstammt meine Unzufriedenheit meinen Erwartungen an mich selbst oder gar jenen, die andere an mich stellen und die ich folglich angenommen habe? Entsteht sie aus dem inneren oder äußeren Druck, Idealbilder zu erfüllen? Und wenn ja, sind das wirklich die Ideale, die auch für mich ideal sind, oder ist das bloß ein gesellschaftliches Bild? Woher kommen diese Erwartungen an mich selbst und ist das, was ich da erreichen möchte, wirklich mein wahrhaftiger Herzenswunsch?

Wenn ich unzufrieden mit den Dingen in meinem Leben bin, dann liegt es in meiner Hand, etwas daran zu ändern. Wenn ich unzufrieden damit bin, dass ich mich viel zu sehr in den ein oder anderen Dingen festgefahren habe, dann kann ich es ändern. Und wenn ich merke, dass ich unzufrieden mit meinem Leben bin, weil ich denke, dass es nicht den Erwartungen anderer oder meinen eigenen entspricht, dann darf ich diese auch getrost ignorieren, loslassen und wieder auf mich schauen. Ich darf nämlich auch meine eigenen Erwartungen hinterfragen und schauen, woher diese eigentlich kommen. Vielleicht aus dem sehnlichsten Wunsch nach Anerkennung und Liebe, vielleicht aus dem Wunsch, endlich gesehen zu werden. Sieh dich selbst an und frage dich, ob du nicht so, wie du bist, schon längst genug bist.

Die Magie steckt in den kleinen Dingen, die das Leben mit sich bringt. In den alltäglichen, manchmal vergessenen Dingen, die das Leben so kunterbunt und chaotisch machen. Sie steckt in dem, was wir so oft als selbstverständlich sehen, steckt in der Natur, der Freude, dem Licht, dem Leben. Ja, und die Kraft, die steckt in den stillen Momenten.

Wenn ich eines gelernt habe, dann, dass die Liebe der Knopf ist, der alles zusammenhält. Es sind ihre großen, weichen Arme, in die ich mich fallen lassen kann, wenn ich entkräftet bin, wenn ich nicht mehr weiterweiß, wenn ich auftanken möchte. Die Liebe sehe ich als warmen, kleinen, heiligen Ort in mir selbst. Sie überlässt der Angst keinen Raum, denn wo das Vertrauen ist, da hat die Angst keinen Platz.

Ich durfte die Liebe in so vielen bunten Farben neu erfahren. Die Liebe zum eigenen Kind. Eine so bedingungslose, noch nie dagewesene Liebe, die mein ganzes Herz erfüllt. Eine Liebe, die nicht in Worte zu fassen ist, die so pur, so natürlich und so rein ist. Die Liebe, die ich durch das Stillen erfahren habe. Die Liebe, die Leon und mich verbindet. Eine partnerschaftliche, eine leidenschaftliche, gleichzeitig freundschaftliche und familiäre Liebe, die ihr Spektrum über all die Jahre so sehr erweitert hat. Die Liebe und das Vertrauen zu meinem Körper, welche ich nun auf einer völlig neuen Ebene erfahren darf. Mein Körper, der Leben geschenkt hat, der alles für mich gibt. Er gibt alles dafür, dass ich diese Dinge erleben, ja, dass ich leben und erfahren darf, dass ich mein Kind großziehen, nähren, kuscheln kann.

Die Liebe ist es, die uns heilt und uns auffängt, wenn uns der Boden unter den Füßen weggerissen wurde. Und doch vergessen wir das so oft. Jeder Mensch hat eine Geschichte. Aber was heißt das schon, wo doch heutzutage jedem Menschen seine eigene Geschichte am wichtigsten erscheint? Was heißt das schon, wo wir heute vielmehr auf unseren eigenen Vorteil, unseren äußeren Schein bedacht sind? Wir alle erleben Gutes und Schlechtes. Doch verlieren wir heute viel zu schnell den Blick füreinander, tauschen lieber aus, statt einmal mehr hinzusehen. „Die krumme Nase, die gefällt mir nicht – next!" Ich habe oft das Gefühl, als lebten wir in einer Wegwerfgesellschaft. Schnell weg mit allem, was seinen

Zweck nicht mehr erfüllt, schnell weg damit, wenn es mir nicht gibt, womit ich mein eigenes inneres Loch füllen kann, das ich mir selbst lieber immer tiefer grabe. Was ist mit der Nächstenliebe passiert, wo doch heute wie nie zuvor alle lauthals nach Solidarität schreien. Solidarität, ja, aber nur solange ich nicht wirklich darüber nachdenken muss. Nur solange ich mich selbst dafür nicht einschränken oder gar verzichten muss. Wo ist die Nächstenliebe hin, wo wir doch alle auf der Suche nach dieser so heilsamen Liebe sind?

Ja, das Leben steckt voller Wunder, doch habe ich erkannt, dass wir dafür unsere Herzen wieder öffnen müssen. Für uns selbst, losgelöst von allen Begrenzungen, Ängsten, Erwartungen und äußerem Druck. Für alles, was um uns herum ist. All die Großartigkeit in der Einfachheit.

Weißt du, ich wünsche dir, dass du dein Leben mit Liebe und Leichtigkeit bestreitest. Dass du das Leben nicht immer zu ernst nimmst, einfach drauflos lebst, verrückt und groß träumst und den Moment nicht aus den Augen verlierst. Mögest du glücklich sein und den Mut haben, anzuecken, gegen den Strom zu schwimmen, das zu tun, wofür du wirklich brennst, aber auch Fehler zu machen. Ja, ich wünsche dir, dass du dir erlaubst, Fehler zu machen, denn genau diese Fehler werden dir die besten Lehrer sein. Ich wünsche dir, dass du dir erlaubst, Umwege zu gehen, und dir die Zeit gibst, die du brauchst, um wieder auf deinen ganz eigenen Herzensweg zu gelangen. Ich wünsche dir, dass du Ballast loslassen und mit leichtem Gepäck durch dein Leben reisen kannst.

Ich wünsche dir, dass du dir selbst mit Liebe begegnest, dass du die Stimme deines Herzens hörst und lernst, dir selbst zu vertrauen, du nicht zu hart zu dir bist, sondern dich mit Liebe anschaust. Sanft mit dir bist, dir selbst ein Freund oder eine Freundin bist. Ich wünsche dir, dass du wild lebst, laut bist und durch dein Leben tanzt, als würde deine Geschichte das schönste Lied ergeben.

Ich wünsche dir, dass du dein Lachen für immer behältst, deine Welt mit so viel Freude entdeckst und dass du die kleinen Dinge nicht aus den Augen verlierst.

Du machst diese Welt ein großes Stückchen bunter, ja, du bist mit deiner Einzigartigkeit, deinem Sein, deinen Ideen und deinem kunterbunten Kopfchaos eine Bereicherung für diese Welt. Vergiss das nicht.

In Liebe,

Jana

Du machst diese Welt ein großes
Stückchen bunter.

Das Leben in die eigene Hand nehmen

———

Vielleicht hast du schon mal vom „Gesetz der Anziehung" gehört. Kurz gesagt bedeutet es, dass man mit der Kraft der eigenen Gedanken seine Realität erschaffen kann und dass Gleiches Gleiches anzieht. Bist du positiv eingestellt und handelst eigenverantwortlich, ist das eine perfekte Grundlage, um mit diesem „Gesetz" ein glücklicheres Leben zu führen. Ich beobachte leider oft, dass Menschen ganz stark in ihrer Opferrolle feststecken. Sie beschweren sich und geben anderen Menschen die Schuld für ihre Lebenssituation.

Bitte versteh mich nicht falsch: Es ist vollkommen in Ordnung, wenn man nicht alles positiv angeht, und manchmal fällt es sehr schwer, optimistisch zu sein. Es geht hierbei nicht darum, alles schönzureden, denn manchmal läuft es im Leben einfach nicht gut. Dann ist es wirklich hilfreich, sich darüber klar zu werden, dass es Möglichkeiten gibt, etwas zu ändern und den Fokus wieder auf das Positive zu lenken. Schau dir dazu doch gern noch einmal die positiven Botschaften auf Seite 146 an.

Grundsätzlich geht es auch um die Perspektive und die Einstellung zu einer Sache, die es zu etwas Gutem oder Schlechtem macht. Ich habe selbst die Erfahrung gemacht, dass ich gute Dinge in mein Leben ziehe, wenn ich Optimismus ausstrahle und fühle. Du kannst selbst entscheiden, wie du dich betrachtest, und deine Selbstwahrnehmung wird beeinflussen, wie du auf andere Menschen wirkst. Glaub daran, dass du deine Wünsche und Ziele erreichen kannst! Was dabei hilft? Nimm dir täglich Zeit dafür, um sie zu visionieren und dich in eine positive Grundstimmung zu bringen. Auch das braucht Zeit und ist ein Prozess. Vertrau darauf, dass am Ende alles gut wird!

Dein Tribe

———

An wen kannst du dich wenden, wenn du bei etwas Hilfe, eine Meinung oder Unterstützung brauchst? Ich stelle fest, dass jeder meiner Herzensmenschen eine ganz besondere Eigenschaft mitbringt. Einer ist besonders gut im Zuhören, mit dem anderen unternehme ich gerne verrückte Sachen und wieder ein anderer ist handwerklich total begabt. Auf wen kannst du zählen?

Name der Person	Diese Eigenschaften machen sie*ihn aus und das schätze ich an ihr*ihm:	Darin könnte sie*er mich unterstützen:

Loslassen und akzeptieren

———

Es gibt Dinge im Leben, auf die wir schlichtweg keinen Einfluss haben. Dinge, die nicht in unserer Hand liegen, Dinge, die wir nicht verändern können. Akzeptanz bedeutet nicht, alles gut finden zu müssen. Es bedeutet, die Dinge anzunehmen, die du nicht beeinflussen kannst. Es bedeutet loszulassen, was man nicht kontrollieren kann.

An Dingen festzuhalten, die du nicht ändern kannst, dich über Dinge zu ärgern, die nicht in deiner Hand liegen, raubt dir nicht nur Energie und Lebensfreude, sondern vor allem den jetzigen Moment.

An welchen Dingen hängst du dich besonders auf?

_____

_____

Was würde passieren, wenn du diese Dinge akzeptierst und loslässt?

_____

_____

Was kannst du tun, um Frieden mit deiner Situation zu schließen?

_____

_____

Der Weg zu dir selbst

––––––

Das Leben verläuft nicht geradlinig. Es bahnt sich seinen Weg über Brücken, Kreisverkehre, große Kreuzungen, bei denen wir manchmal falsch abbiegen, einen Umweg fahren und erst etwas später an das eigentliche Ziel gelangen – oder vielleicht sogar nie dort ankommen, weil sich das eigentliche Ziel auf dem Weg kurzerhand geändert hat.

Oftmals sehen wir die kleinen und großen Umwege auf unserem Lebensweg als verschwendete Zeit an – obwohl oftmals so viel mehr in ihnen steckt. Umwege können durchaus Wegweiser sein, dir zeigen, dass dein eigentliches Ziel gar nicht deinem Herzenswunsch entspricht. Umwege können uns auch zeigen, wie wertvoll und weise unsere eigene Intuition ist. Manchmal müssen wir einen Umweg machen, um unserer Intuition wieder folgen zu können. Ein Umweg kann uns helfen, unseren ursprünglichen Weg zu reflektieren.

Was war dein größter Umweg?

_____

_____

Wieso war dieser Weg ein Umweg für dich?

_____

_____

Was hast du aus ihm gelernt?

_____

_____

DANKSAGUNG

———

Und nun endet es, mein zweites Tagebuch. Ein Buch, das durch seine vielen kleinen einzelnen Geschichten so lebendig gemacht wird. Durch die Menschen, die an diesen Geschichten teilhaben, und durch die Veränderungen, die das Leben so kunterbunt machen.

Ein Buch zu schreiben, neben Vollzeitjob, Kleinkind und erneuter Schwangerschaft, das war ein ganz schön großer Balanceakt. Es war chaotisch, oh ja, und wie chaotisch! Es brauchte viel Organisation, viel Unterstützung, ohne die ich diesen besonderen Lebensabschnitt wohl kaum in einem Buch hätte festhalten können.

Ich möchte mich bedanken bei all den Menschen, die mich auf diesem Weg begleitet haben, die mein Leben zu dieser verrückten Geschichte machen. Bei all den Menschen, die mich erkennen ließen, wer ich wirklich bin, bei all den Menschen, die gemeinsam mit mir durch das Leben tanzen.

Ich danke meinem wundervollen Mann Leon, ohne den ich dieses ganze Projekt wohl nicht hätte umsetzen können. Danke, dass du mir den Rücken freigehalten hast, damit ich in mein Gedankenuniversum abtauchen konnte. Danke, dass du mir immer wieder Kraft schenkst, wenn ich zweifle oder den Wald vor lauter Bäumen nicht mehr erkennen kann. Danke, dass du so viel Leichtigkeit in mein Leben bringst.

Ich danke meiner Tochter, meiner zauberhaften, kleinen Tochter Emilia. Sie war der Beginn dieses großen, neuen Kapitels, der Beginn von so viel Veränderung. Durch sie habe ich vieles lernen dürfen, durch sie bin ich so sehr gewachsen. Ich danke dir dafür, kleine Maus, dass du uns jeden Tag die kleinen Wunder vor Augen führst, und dafür, dass du uns mit deinem Sein, mit deiner puren Freude und deiner wahrhaftigen Liebe jede Sekunde bereicherst.

Ich danke diesem kleinen, zauberhaften Wesen in meinem Bauch, das mich noch einmal daran erinnert hat, milde mit mir zu sein. Ich kann es kaum abwarten, dich kennenzulernen.

Ich danke meiner Mami, denn auch ohne sie hätte ich dieses Projekt nicht umsetzen können. Danke, dass auch du mir den Rücken immer wieder freigehalten hast und mit mir so viele Dinge aus den letzten Jahren aufgearbeitet hast, mir immer wieder Mut geschenkt und mir schon von klein auf gezeigt hast, wie viel Zauber in dem Leben steckt.

Ich bin dankbar für all die Umwege, die ich gegangen bin, all die Kreuzungen, an denen ich die vermeintlich falsche Ausfahrt gewählt habe und dann schließlich doch auf einen für mich richtigen Weg gelangt bin. Ich danke dem Leben, das es mir überhaupt erst ermöglicht, diese Geschichte zu schreiben, und das all die Wunder und all die kunterbunten Farben für mich bereithält.

Und ich danke dir, liebe Leserin, lieber Leser, dass du durch dieses Buch ein Teil meiner Geschichte geworden bist. Du machst diese Welt ein Stück bunter und durch deine Liebe zu einem wundervollen Ort.

EIN NEUANFANG AUF GANZER LINIE!

„Eigentlich gehört es sich nicht, in fremden Tagebüchern zu lesen. Doch dieses Tagebuch ist anders. Auch wenn ich es geschrieben habe, so ist es doch trotzdem für dich bestimmt." Jana denkt über Vieles nach. Über Beziehungen, Dankbarkeit, Trauer und Glück, über die Verantwortung des Erwachsenwerdens und den Schmerz des Loslassens. Bin ich gut genug? Wie wachse ich an Kritik? Wie stehe ich auf eigenen Beinen – und wie stehe ich wieder auf, wenn ich mit Rückschlägen konfrontiert werde? Jana teilt ihre persönlichen Erfahrungen in diesem Buch und spricht so offen wie noch nie über die schönen und die Schattenseiten des Lebens. In 12 Kapiteln spricht sie über wichtige Themen im Leben junger Menschen wie Liebe, Selbstwertgefühl, Entscheidungen und Glück. Das Buch enthält abwechslungsreiche Fragen und kleine Kreativaufgaben, mit denen Jana auf feinfühlige Weise zu mehr Achtsamkeit und Lebensfreude inspiriert.

Jeder Tag ein Neuanfang.
Das Glücklichmachertagebuch

192 Seiten, Softcover
ISBN 978-3-96096-032-4

Passend zum Buch „Jeder Tag ein Neuanfang", gibt es als Erweiterung den Kalender und das Notizbuch:

Jeder Tag ein Neuanfang.
Der Kalender

Undatierter Kalender
160 Seiten, Softcover
ISBN 978-3-96096-046-1

Der liebevoll gestaltete Kalender mit Illustrationen ist undatiert und kann jederzeit begonnen werden. Begleitet von kreativen Aufgaben, die direkt im Kalender gemacht werden können und so zu mehr Motivation und Selbstreflexion anregen. Einfühlsame Tipps und Ideen helfen dabei, dem eigenen Glück ein Stück näher zu kommen.

Jeder Tag ein Neuanfang.
Das Notizbuch

160 Seiten, Softcover
ISBN 978-3-96096-048-5

Das Notizbuch dient zum Festhalten und Fokussieren der eigenen Gedanken. Es enthält Randnotizen der Autorin, illustrierte Sprüche und Fragen, die zu mehr Achtsamkeit anregen. Es kann als Journal genutzt werden, als Übungsbuch oder als Gedankenwiese.

ÜBER JANA SCHWARZER

Ihre Community kennt die 1996 geborene Jana noch als Jana Walter. 2021 heiratete sie ihren Ehemann Leon. Gemeinsam mit ihrer Tochter Emilia und Hündin Molly leben sie heute in einem alten Bauernhäuschen in Münster. Neben der Gründung ihrer eigenen Print- und Stationery-Marke *blooming chaos* hat sie auch eine eigene Mode- und Schmuck-Kollektion rausgebracht.

Man kennt Jana vor allem als *janasdiary* auf Instagram und YouTube, wo ihr über 350.000 Menschen folgen. 2018 erschien ihr erstes Buch „Jeder Tag ein Neuanfang", in dem sie ihren Leser*innen Einblicke in ihr Leben und Inspiration zu den Themen Beziehungen, Dankbarkeit, Trauer und Glück, über die Verantwortung des Erwachsenwerdens und den Schmerz des Loslassens gibt.